KB235972

칼럼과 수필의 패러다임이 바뀐다!

인류를 괴롭혀 온 이슈와 문제 해결을 위한 지침

여우(이슈·문제) 사냥꾼의 행복 속삭임!

칼국수
스토리

- 초판 1쇄 발행 2013년 12월 10일

- 지은이 마일두
- 펴낸이 조유선
- 펴낸곳 누가출판사

- 등록번호 제315-2013-000030호
- 등록일자 2013. 5. 7.
- 주소 서울시 강서구 염창동 282-19 현대아이파크 상가 B 102호
- 전화 02-826-8802 팩스 02-826-8803

- 정가 13,000원
- ISBN 979-11-950635-5-0   03230

＊파본은 교환해 드립니다.
＊이 출판물은 저작권법에 의해 보호를 받는
  저작물이므로 무단 복제할 수 없습니다.
＊독자의 의견을 기다립니다.
＊sunvision1@hanmail.net

재미있게 은혜 받는 신앙칼럼·수필이야기

칼국수 스토리

COLUMN ESSAY STORY

여우(이슈·문제) 사냥꾼의 행복 속삭임!

출판사 누가

모든 영광을 하나님께

차례

여는 글 _6

1부 | 내 삶(문제)에 찾아오신 최고의 순간 - 행복 수필

1장 ◦ 봄에는 기도하게 하소서 – 응답

1. 기적을 바라지 않은 청년 _21
2. 새벽에 찾아온 불청객 _26
3. 중력을 거스른 여자 _29
4. 응답받지 못한 응답 _36
5. 진귀한 나무의 주인 _43
6. 아버지의 기도 _47

2장 ◦ 여름에는 성령의 단비를 내려주소서 – 은혜

7. 검정비닐 봉다리 사연 _55
8. 땅벌의 황당한 최후 _60
9. 랑데부 은총 _65
10. 귀신에 홀린 아가씨 _71

11. 가을비 내리던 겨울 _79
12. 행복한 외양간 _85
13. 콜링 시스템 _90
14. 야성을 치유하는 수의사 _98

3장 ∘ 가을에는 기쁨을 수확하게 하소서 - 반전

15. 늑대인간의 절규 _111
16. 칠전팔기의 곡예사 _119
17. 선지자의 비애 _131
18. 아버지의 마음 _138
19. 가장 사랑하는 신부 _147
20. 실수의 은혜 _155
21. 전도하는 이방인 _163

4장 ∘ 겨울에는 안식하게 하소서 - 감사

22. 알래스카에서 온 편지 _169
23. 천상의 자장가 _172
24. 그렇게도 원망했었는데 _178
25. 12월의 이벤트 _181
26. 그래도 나는 믿는다 _194
27. 그때 그 일이 일어나지 않았더라면 _202

2부 | 여우(이슈)를 잡는 - 혁신 칼럼

1장 ◦ 동쪽에서 진리의 해가 뜨리라 - 교리

1. 십자가의 비밀 _213
2. 실낙원의 역설 _216
3. 사탄 딜레마 _219
4. 영적 전쟁 _223
5. 이단의 정체 _229
6. 기도응답의 비결 _233

2장 ◦ 서쪽에서 형통함을 보리라 - 생활

7. 성공의 법칙 _241
8. 리더의 조건 _245
9. 들풀의 기쁨 _249
10. 천직의 발견(오해1) _253
11. 천직의 발견(이론편) _256
12. 천직의 발견(오해2) _259

3장。남쪽에서 영혼이 성장하리라 – 신앙

13. 로드십 혁명 _265
14. 초상집 마인드 _269
15. 경건의 유익 _272
16. 행복한 2인자 _275
17. 최고의 보물 _279
18. 영혼의 가치 _283
19. 하나님의 저울 _286

4장。북쪽에서 황금 같은 빛이 나오리라 – 철학

20. 행복의 단상 _293
21. 신 존재 증명 _296
22. 자유의지와 운명론의 경계 _302
23. 존재의 실존 _306
24. 역설의 반란 _309
25. 프로페셔널의 미학 _315
26. 인생의 겨울 _318

참고자료 _321
「마일두 성장연구소」가 하는 일 _324

누구에게나 힘든 시기는 있다. 내게는 2002년이 힘들었다. 등록금이 필요했던 나는 신학대학원 1학기를 마치고 휴학한 후 논술회사에 취직했다. 열심히 하다 보니 회사 일은 잘 되었다. 하지만 돈을 버는 데도 수천 만 원의 빚이 생겨버렸다. 어쩌다가 이 지경이 되었을까? 영혼이 잘 돼야 모든 일이 잘 된다고 했다. 아침 일찍 출근해서 저녁 늦게 퇴근하는 일이다 보니 기도를 못해 내 영혼이 피폐해져서 생긴 결과였다.

2004년에는 도저히 살 수 없는 상황이 되었다. 카드 돌려막기도 한계에 다다랐기 때문이다. 우리 부부의 입에서는 매일 한숨만 나왔다. 그런데 슬픔 속에서 잠든 어느 날 예수님께서 꿈에 나를 찾아오셨다. 비록 꿈속이었지만 주님과 대면하게 된 순간 두려움이 엄습해왔다. 기도로 깨어 있지 못해서 예수님을 맞이할 준비가 안 되었던 것이다.

그렇게 안절부절 못하고 있을 때 주님께서 내 생각을 아시고 먼저 말씀하셨다.

"너는 아직 나를 맞이할 준비가 안 되었다. 네가 나를 만나려면 나에게 기도해야 한다. 기도를 하되 새벽에 와서 기도하여라."

여기까지만 말씀하셨어도 나는 개꿈으로 여겼을 것이다. 주님은 이어서 말씀하셨다.

"새벽에 기도하되 4시부터 5시까지 기도해야 한다. 왜냐하면 그때가 나를 가장 잘 만날 수 있는 시간이기 때문이다."

눈을 떠보니 새벽 3시 40분이었다. 정신을 차린 나는 그 리얼함에 놀라면서 교회로 갔다. 그리고 무슨 이유인 지도 모른 채 새벽 4시부터 5시까지 기도했다. 그렇다면 나는 기도응답을 받았을까? 아니다. 계시도, 감동도, 환경의 변화도 없었다. 나는 '그럼 그렇지 내 인생에 무슨 기적. 아마 개꿈이었을 거야'라고 생각했다. 하지만 한 번 기도한 것으로 포기하려니 아까웠다. 다음 날 새벽에도 교회로 가서 그 시간에 기도했다. 또 허탕이었다.

그런데 그날 저녁 우리 부부가 하나님께 무릎 꿇을 수밖에 없는 일이 일어났다. 우리 사정을 아무에게도 말한 적이 없었는데 지인이 수천만 원을 송금해줘서 빚 문제가 일시에 해결되었던 것이다. 나와 아내는 하나님께서 하신 줄 알고 감격의 비명을 질렀다. 그날 밤 나는 밀려오는 의문을 떨쳐버릴 수가 없었다. '왜 하나님은 굳이 새벽 4시부터 5시까지 이틀간 기도하게 하신 후 문제를 해결해 주셨을까?' 깨달음이 왔다. 하나님께서 중요하게 여기셨던 것은 친밀한 관계였다. 새벽 4시에서 5시 사이는 가장 깊이 잠드는 시간이다. 모두가 잠들어 있는 그 시간에 하나님은 나와 단둘이 만나 교제하기를 원하셨던 것이다. 사랑의 관계가 성립되자 주님은 덤으로 내가 가진 문제를 해결해 주셨다. 그것은 인류 가운데 나에게만 일어났던 신비롭고 소중한 체험이었다.

나는 주님께서 주신 은혜를 영원히 간직하기 위해 〈새벽에 찾아온 불청객〉이라는 제목으로 스릴러 식 수필을 썼다. 그것이 이 책의 발단이다. 그 후 아이디어가 떠올랐다. 내가 주님을 만난 것처럼 다른 그리스도인들의 삶에도 예수님께서 찾아오신 최고의 순간이 있을 것이다. 그것들을 모아서 책으로 낸다면 모두에게 유익이 되지 않을까?

그런데 고민이 생겼다. 수필이라면 이미 넘쳐날 정도로 많이 나와 있기에 독자들께 새로울 것이 없다는 점이었다. 나는 글에도 혁신이 필요하다고 생각했다. 궁리 끝에 인류를 괴롭혀 온 대표적인 이슈들을 칼럼으로 만들어 독자들과 함께 나누는 것으로 가닥을 잡았다. 그렇게 해서 칼럼 절반, 수필 절반을 담은 이 책이 탄생한 것이다.

싸고, 누구나 맛있게 먹을 수 있는 칼국수처럼, 이 책 칼국수 스토리(칼럼과 수필이야기)도 독자들께 영혼의 별미가 되기를 희망한다.

마일두

＊＊＊

(칼국수는) 별식과 같아서

뱃속 깊은 데로 내려가느니라(잠 18:8)

＊＊＊

내 삶(문제)에 찾아오신 최고의 순간

—

행복 수필

COLUMN ESSAY STORY

1장

봄에는 기도하게 하소서
― 응답

기적을 바라지 않은 청년   새벽에 찾아온 불청객   중력을 거스른 여자

응답받지 못한 응답   진귀한 나무의 주인   아버지의 기도

기적을 바라지 않은 청년

- 형, 나 고민이 하나 있어!

"뭔데?"

- 2학기 등록금을 마련하지 못하면 어떡하지?

"……."

1999년, 울산에서 대구로 가는 고속버스에서 형제가 대화를 하고 있었다. 두 사람은 울산에 있는 각기 다른 교회에서 교육전도사로 사역고 있었다. 그날 사역을 다 마치고 밤에 대구로 올라가던 길이었다. 형은 동생의 고뇌에 찬 말을 듣고 잠시 생각 하더니 이윽고 말을 꺼냈다.

"내가 경험한 주님은 살아 계신 하나님이었어. 온 세상이 캄캄할 때도 그분께 기도하면 응답해 주셨지. 너에게도 기적이 일어난다면 네가 학교에 못 다니게 될 줄 믿는다."

- 기적이 일어난다면 학교에 못 다니게 되다니 그게 무슨 뜻인데?

"응, 기적은 보통 일어나기 쉽니, 어렵니?

- 일어나기 어려우니까 기적이지?

"바로 그거야! 하나님께서 너를 신학교에 보내셨다면 끝까지 책임지신다고 봐. 그렇다면, 네가 학교에 다니게 될 가능성이 많다는 얘기가 돼. 기적은 일어날 확률이 적기 때문에 역설적으로 네가 반드시 학교에 다니게 될 거라는 뜻이지. 우리 함께 기도해 보자."

"……!"

동생은 내색하지는 않았지만 형의 말에 충격을 받았다. 일반적인 기적의 의미와 사뭇 달랐을 뿐만 아니라, 형의 확신에 찬 말이 가슴에 와 닿았기 때문이다. 그날 이후 동생의 뇌리에는 형이 했던 말이 맴돌았다. '기적이 일어나면 학교에 못 다니게 될 거야. 기적이 일어나면…기적이 일어나면…….'

며칠 후, 동생은 영남신학대학교 도서관에서 우연히 어느 권사의 간증을 읽게 되었다. 그 권사는 어떤 문제로 인해 극심한 고통에 처해 있었다. 그런데 기도를 할 줄 몰랐다. 그래서 기도 대신 주기도를 천 번하기로 마음먹었다. 놀라운 것은 그녀가 주기도를 여덟 시간 한 후 기적을 체험했다는 것이다. 사람이 물에 빠지면 지푸라기라도 잡는다더니 동생이 그랬다. '그래, 나도 이 권사님처럼 한 번 해보자!' 그 날, 동생은 학교에 있는 지하 기도실로 들어가서 주기도를 시작했다.

"하늘에 계신 우리 아버지, 아버지의 이름을 거룩하게 하시며…오늘 우리에게 일용할 양식을 주시고…나라와 권능과 영광이 영원히 아버지의 것입니다. 아멘."

주기도를 시작한 지 백 번째! 목이 말랐다. 삼백 번째! 목이 따가웠다. 육백 번째! 포기하고 싶었다. '지금 내가 잘하고 있는 것일까? 괜히 헛수고만 하는 것은 아닐까?'하는 회의감이 밀려왔다. 한편으로는 지금까지 기도한 것을 물거품으로 만들고 싶지 않았다. 그래서 결심했다. '그래, 연세 많은 권사님도 하셨는데 젊은 내가 못하겠나? 기적이 없어도 오기로라도 한 번 해보자.' 천 번! 드디어 끝났다. 일곱 시간 만이었다. 간증 책에 나오는 주인공에 비하면 한 시간 일찍 끝난 것이다.

그런데 어찌된 일이지? 특별한 환상도, 하나님의 음성도, 환경의 변화도 없었다. 기도하기 전과 똑같았다. 허탈했다. '살다보니 내가 주기도문을 천 번이나 할 때도 다 있네.'라는 생각이 들었다. 지친 몸을 이끌고 집으로 향하는 데 실소가 나왔다. 하지만 등록금이 준비되지 않아 마음은 무거워도 그날 밤은 다른 날에 비해 평안히 잘 수 있었다.

다음날 아침, 여느 때와 마찬가지로 일어나서 세수를 하는데 한 가지 아이디어가 번개같이 떠올랐다. '맞아, 권용근 교수님께 부탁해보자!' 동생은 교수님께 전화를 했다.

– 교수님, 안녕하세요? 교수님께 부탁드릴 것이 있어서 전화 했습니다.

"오 그래, 무슨 일인가?"

– 제가 은행에서 학자금 대출을 받으려고 하는데 보증인이 필요합니다. 혹시 교수님께 도움을 받을 수 있을까 해서요?

"그래? 음, 마음고생이 많았겠군. 좋아 내가 해주지. 오후에 내 연구실로 오게."

– 예? 정말입니까! 감사합니다. 감사합니다.

세상에, 너무 간단하지 않은가! 몇 달 동안 고민에 고민을 거듭했던 등록금 문제가 일순간에 해결되다니…꿈인가 생시인가 싶었다. 기도를 응답해주신 하나님께 감사기도를 드렸다. 동생은 어린아이와 같이 간절하게 매달린 것이 하나님을 움직이게 한 것이라고 믿었다.

　이 소식은 곧 전국에 흩어져 있는 그의 형제들(4남 2녀)과 어머니에게 전해졌다. 그리고 형도 동생으로부터 이 소식을 전해 들었다. 주체할 수 없는 감격이 밀려왔다. 그도 하나님께 감사기도를 드렸다.

　"하나님, 제 동생의 기도를 들어주셨군요. 감사합니다."

　그렇다. 마창일(39세, 2013년) 목사, 그는 나의 사랑하는 동생이며, 나는 그의 형이다. 우리의 바람처럼 기적은 일어나지 않았고, 기적은 일어났다.

새벽에 찾아온 불청객

만약 누군가가 새벽에 자고 있는 당신에게 연락해서 다짜고짜 만나야 한다고 억지를 부린다면 어떻게 하겠는가? 그것도 그가 원하는 장소에서, 정확히 새벽 4시부터 5시 사이에만 만날 수 있다고 못 박는다면. 더욱 가관인 것은 왜 그래야 하는지 질문할 수 없고, 만나야 하는 이유도 가르쳐주지 않는다는 것이다.

당신이 이런 일을 겪는다면 불청객의 정체가 궁금할 것이다. 또한 그에게 무언가 꿍꿍이 속셈이 있을 거라고 여길 것이다. 앞뒤 정황을 보면 그는 당신을 잘 알고 있지만, 당신은 그를 모른다. 그러기에 당신은 그에 비해 모든 면에서 불리하다.

불청객이 일방적으로 장소와 시간을 정한 것으로 봐서 그는 강도일 수도 있다. 어쩌면 당신을 감금시켜놓고 가족에게 몸값을 요구할지도 모른다. 그렇다면 경찰에 신고하면 어떨까? 글쎄, 그렇게 하면 혹시 선한 사람일지도 모르는 불청객의 도움은 전혀 받을 수 없게 된다. 누가 알겠는가? 익명으로 당신을 돕고자 하는 부자일 런지.

드라마 같은 스토리지만, 이는 내 인생에 실제로 일어난 사건이다.

2004년 어느 날 새벽, 나는 위의 불청객으로부터 연락을 받고는 전율했다. 그를 한 번도 만난 적은 없지만, 그가 누구인지는 알고 있었기 때문이다. 그는 실로 대단한 사람으로 결코 아무나 만날 수 있는 인물이 아니었다. 그런 그가 내게 연락해 온 것이다. 하지만 그가 나를 만나려고 하는 이유에 대해서는 도무지 짐작할 수가 없었다.

그는 대단히 훌륭한 사람이었기에 내가 그를 만나지 않을 이유는 없었다. 나는 호기심에 이끌려 그가 제시한 장소에 시간 맞춰 나갔다. 그런데 어찌된 일이지? 새벽 4시부터 5시까지 한 시간 내내 기다렸지만 그는 나타나지 않았다. 이상했다. 그의 인품으로 볼 때 약속을 어길 사람이 아니었다. 무엇이 잘못된 것일까? 궁리 끝에 한 가지 간과했던 사실을 발견했다. 날짜였다. 그는 내게 시간과 장소만 말했을 뿐, 날짜는 얘기하지 않았던 것이다.

상대가 상대인 만큼 나는 며칠 더 나가보기로 했다. 그렇게 기대하면서 이튿날 역시 약속 장소에 나갔다. 이런, 또 딱지 맞았

다. 그런데 그날 오후에 뜻밖의 소식이 나를 찾아왔다. 아무에게
도 말하지 못한 내게 있는 엄청난 빚이 순식간에 해결된 것이다.
나는 직감으로 그가 도와주었음을 알았다. 아~ 새벽 이틀간 단
지 내가 그를 보지 못했을 뿐, 그는 줄곧 나와 함께 하고 있었다.
그 때 그와의 만남은 내 인생 최고의 밀월로 남아 있다. 지금도
예수님께서 꿈에 내게 하셨던 말씀이 생생하다.

"네가 나를 만나려면 나에게 기도해야 한다. 기도를 하되 새벽
에 와서 기도하여라. 새벽에 기도하되 4시부터 5시까지 기도해
야 한다. 왜냐하면 그 때가 나를 가장 잘 만날 수 있는 시간이기
때문이다."

"나를 사랑하는 자들이 나의 사랑을 입으며 나를 간절히[1] 찾는 자가 나를 만
날 것이니라" (잠 8:17)

---

1) 히, 새벽에

중력을 거스른 여자

　세상에는 우리의 결심과 상관없이 절대로 변할 수 없는 것이 있다. 중력의 법칙이 이에 해당한다. 중력의 법칙은 우주의 법칙이기에 영원히 변하지 않는다. 그러기에 누군가가 중력의 법칙을 거스른다면 그는 좌절을 맛보게 될 것이다. 이런 일은 전능하신 하나님께 기도해도 해결되지 않는다. 어떤 것은 하나님조차도 응답하실 수 없는 불가능한 기도제목이 있기 때문이다. 그런데 이런 일을 시도한 어리석은 사람이 있었다.

　수십 년 전, 강원도 영월에 있는 한 작은 교회에서 부흥집회가 열렸다. 서울에서 목회하는 유명한 목사가 강사로 와서 말씀을 전했다. 강사는 새벽에도 말씀을 전한 후 성도들과 함께 통성기도를 하고 있었다. 그런데 한참 기도하던 강사의 귀에 일관된 외침이 들려오는 것이 아닌가? 소리 나는 쪽으로 살펴보니 19살 된 처녀가 맨 앞자리에 앉아서 의사를 보내달라고 부르짖고 있었다. 그녀의 기도는 부흥회가 끝날 때까지 계속되었다. 강사는 무슨 사연이 있을 것으로 생각하고 그 처녀를 불러서 물었다.

"자매님, 왜 그렇게 의사를 찾습니까?
- 제가 목표를 세웠거든요.
"무슨 목표요?"
- 의사하고 결혼하는 목표입니다.

강사는 의아해서 물었다.

"자매님, 학교는 어디까지 나왔습니까?"
- 초등학교 5학년 중퇴했습니다.

초등학교 5학년 중퇴했다는 말에 어이가 없어진 강사는 처녀에게 미소를 지으며 말했다.

"아니 초등학교 5학년 중퇴했으면 자신과 처지가 비슷한 사람을 구해야지 그렇게 공부 많이 한 의사하고 어찌 결혼하겠다고 목표를 세우고 기도합니까?"

그러자 자매가 정색을 하며 말했다.

- 목사님, 성경에 구하라 그러면 주신다고 했지 어디에 비슷하

게 구하라고 했습니까!

처녀의 말에 할 말을 잃은 강사는 비록 황당했지만 그녀의 소원이 이루어지도록 간절히 기도해 주었다. 처녀는 그 후로도 새벽마다 제단을 쌓으며 하나님께 소원기도를 올렸다. 1년 후 어느 날 그 교회에 ROTC 장교가 등록했다. 며칠 후 그는 얼굴이 환한 그 처녀를 보고 첫눈에 반해서 목사님께 중매해달라고 부탁했다. 목사는 청년에게 어느 대학을 나왔는지 물었다. 청년은 서울대학교 상대를 나왔다고 했다. 목사는 자매를 따로 불러 흥분하면서 말했다.

"현정아, 너의 기도가 응답된 것 같다. 얼마 전 우리 교회에 등록한 ROTC 장교로부터 청혼이 들어왔단다."

그 말을 들은 자매는 학교부터 물었다.

– 목사님, 그분 학교는 어디를 나왔습니까?
"서울대학교 상대를 나왔다더라."

상대를 나왔다는 말을 들은 자매는 실망하면서 말했다.

- 목사님, 제가 구한 것은 의사인데 왜 상대 나온 사람을 소개 시켜주십니까?

목사가 아무리 설득해도 자매는 조금도 흔들리지 않았다. 자매는 일편단심이었다. 오직 의사와 결혼하는 것이다. 목사는 기가 막혔다. 의사가 강원도 영월에 있을 리가 없기 때문이다. 그래서 목사는 서울에 무슨 모임 있는 데만 가면 의사를 찾았다. 하지만 가끔씩 중매 하겠다는 사람들이 처녀의 최종학력을 물으면 난감했다. 초등학교 5학년 중퇴했다고 하면 그런 사람을 어떻게 중매할 수 있냐면서 다들 혀를 찼기 때문이다.

자매는 왜 굳이 의사와 결혼하려는 것일까? 나름대로 깊은 뜻이 있었다. 잘 먹고 잘 살려는 목적이거나 자랑하려는 것이 아니다. 어려운 사람들을 도와주는 의사의 아내가 되어서 남편을 내조하고 싶었던 것이다. 그녀는 여호와 하나님을 경외하면 이런 복을 받는다는 사실을 굳게 믿고 있었다. 그래서 '여호와를 경외하는 것이 지혜와 지식의 근본'이라는 말씀을 계속 묵상하고 암송했다.

목사는 누구를 만나든지 사명감을 가지고 의사를 찾았고, 자매는 계속해서 바라봄의 법칙을 활용했다. 하루 종일 진료에 지쳐서 퇴근해 오는 남편에게 "여보, 진료하시느라 얼마나 수고가 많으셨어요. 차 한 잔 드세요."라고 말하면, 남편은 차를 마시면서 "고맙소. 당신 차 한 잔에 피곤이 다 녹는 군" 이렇게 대답하는 상상이다. 자매는 그것을 믿음의 눈으로 바라보면서 계속 기도했다.

어느 덧 4년이 흘러 자매가 23세가 되었을 때다. 그동안 자매에 관한 이야기는 입소문을 타고 여러 곳으로 퍼져나갔다. 한편 서울 안암동에 있는 한 기독교 장로교회에 미국에서 의학박사 학위를 받고 온 청년이 있었다. 그가 어느 날 같은 교회에 출석하는 믿음 좋은 권사에게 중매를 부탁했다.

"권사님, 저 결혼중매 좀 해 주세요."
- 자네 약혼자 있잖은가?
"약혼자요? 말도 마십시오. 약혼을 하기는 했는데 벌써부터 얼마나 바가지를 긁어대는지. 저 이제 배운 사람하고는 죽어도 결혼 안 합니다. 예수 잘 믿는 사람하고 결혼할 생각입니다."

청년의 말을 듣고 있던 권사에게 갑자기 4년 전 강원도 영월에서 처녀가 의사를 찾는다는 소문이 생각났다. 수소문해 보았더니

33

아직도 그 교회에서 새벽마다 의사와 결혼하게 해 달라고 기도한다는 것이었다. 권사는 청년과 함께 자매를 만나러 영월로 갔다. 그런데 어찌된 일일까? 4년 동안 새벽마다 기도해서 그런지 자매의 얼굴이 청년하고 똑 같았다. 청년은 첫눈에 반해서 프러포즈를 했고 자매의 승낙으로 두 사람은 결혼했다.

지금 자매는 자신의 꿈처럼 살고 있다고 한다. 남편은 서울 안암동에 큰 병원을 차려서 원장으로 있는데 손님이 얼마나 많은지 쉴 틈이 없을 지경이란다. 그녀의 바람대로 저녁 늦게까지 진료를 하고 집에 들어오는 남편에게 "여보, 오늘 진료하시느라 얼마나 수고가 많으셨어요. 차 한 잔 드세요."라고 말하는 게 김현정(가명) 자매의 행복한 일과다.

초등학교를 중퇴한 여성이 의사와 결혼하겠다는 생각은 중력의 법칙에 반한다. 중력의 법칙은 불가능한 일을 상징한다. '오르지 못할 나무는 쳐다보지도 마라'는 속담도 불가능한 일은 시도하지 마라는 뜻이다. 따라서 중력의 법칙을 거스르는 자는 어리석은 사람이다. 그런데 중력의 법칙을 깨는 예외가 있다. 중력의 법칙보다 더 큰 힘으로 날아가는 로켓이다.

신앙의 세계에서 로켓은 무엇일까? 요한일서 5장 4절에 답이 있다.

"세상을 이기는 승리는 이것이니 우리의 믿음이니라"

강력한 믿음만이 중력(난관)을 거스른다.

35

응답받지 못한 응답

"너희가 얻지 못함은 구하지 아니하기 때문이요 구하여도 받지 못함은 정욕으로 쓰려고 잘못 구하기 때문이라" (약 4:2- 3)

박예희(가명) 사모는 이해할 수 없었다. 오랫동안 간구해 왔고, 정욕으로 쓰려고 잘못 구하지도 않았는데 기도응답을 받지 못했기 때문이다. 그녀는 2001년부터 2008년까지 8년 동안 오직 '카렌스'라는 차를 달라고 기도해 왔었다. 승용차의 필요성을 느끼고 있던 어느 날 교회 앞에 예쁜 카렌스가 세워진 것을 보고 소망을 품게 된 것이다.

한편 그녀의 친구인 김지은(가명) 사모도 2008년 1월부터 2008년 6월까지 눈물로 간구해오고 있었다. 친정어머니가 70세 되던 그해에 후두암 말기 판정을 받고 수술을 했지만 막대한 수술비와 병원비를 구하지 못해 퇴원할 수 없는 처지였기 때문이다.

자동차와 후두암(병원비)은 어떤 관계가 있는 것일까? 하나님은 두 사람 중 누구의 기도를 들어주셔야 할까? 두 사람은 공통점이 많았다. 처녀 시절에는 같은 교회를 다녔고, 목회자와 결혼했으며, 남편들이 서울(가명)에서 교회를 개척했다. 비슷한 처지 때문인지 이들은 서로 의지하면서 더욱 가깝게 지냈다.

그런데 어느 날 김지은 사모가 친정어머니 병원비 문제로 박예희 사모에게 중보기도를 요청해왔다. 이로써 김지은 사모의 기도제목은 하나인 반면, 박예희 사모의 기도제목은 두 개로 늘어났다. 박예희 사모는 자동차를 구하는 기도는 가끔씩 생각날 때만 하고, 병원비를 구하는 기도는 거의 매일 간절하게 중보기도를 했다. 자동차를 구하는 자신의 기도는 병원비에 비하면 사치였기 때문이다.

2008년 6월, 드디어 기도응답의 기회가 찾아왔다. 박예희 사모의 남편이 개척교회를 사임하고 서울에 있는 한 대형교회에서 부목사로 사역하고 있을 때였다. 그때 박 사모의 신앙 열정을 보고 감동한 어느 여 집사가 밑도 끝도 없이 제안을 했다.

"사모님, 아이들도 많은데 데리고 다니기가 번거롭지 않으세요? 차가 있어야겠네요. 제가 차를 한 대 사 드리고 싶습니다."

세상에 꿈에도 그리던 차를 사주겠다는 것이 아닌가. 박 사모는 자신의 기도가 8년 만에 응답되었다며 속으로 기뻐했다. 하지만 성도에게 수천만 원 되는 승용차를 덥석 사달라고 할 수는 없는 노릇이었다. 그래서 감사의 인사를 하며 정중하게 거절했다. 하지만 여 집사는 그 후로도 만날 때마다 차를 사주고 싶다고 말했다.

박 사모가 계속 거절하자 어느 날엔 여 집사가 작정을 하고 아파트로 찾아왔다. 그리고는 막무가내로 차를 사주겠다고 했다. 박 사모는 그제야 '이분이 진심으로 하는 말이구나.'라고 생각하며 차를 사주겠다는 그녀의 제안을 받아들이려고 했다. 그때 불현듯 떠오르는 생각이 있었다. 박 사모는 속으로 기도하면서 여 집사에게 그 생각을 얘기했다.

"집사님, 차를 사주신다고 하니 정말 감사하네요. 제가 오랜 시간 기도해온 것에 대한 응답인 것 같습니다. 그러나 더 급한 일이 있습니다. 제가 지금 중보하고 있는 분이 계시는데 그분이 후두암 수술비와 밀린 병원비 때문에 퇴원을 못하고 있습니다. 제가 그 차를 받은 걸로 할 테니 혹시 그 병원비를 대신 지불해 주시면 안 되겠습니까?"

새 차면 최소한 1,500만 원 정도 하는데 이 액수보다 병원비

(1,000만 원)가 더 쌌다. 그러기에 병원비는 가볍게 내줄 거라고 생각했다. 하지만 이러한 생각은 박 사모의 오해였음이 드러났다. 여 집사가 말했다.

"저는 사모님 차를 사 드리고 싶은 것이지 모르는 사람 병원비를 대신 지불해주고 싶지는 않습니다. 그 생각은 안 해봤기 때문에 남편과 의논을 해봐야 합니다."

그리고는 아파트를 내려갔다. 그 순간 박 사모에게 온갖 자책감이 밀려왔다. 선의의 뜻을 가지고 온 사람에게 괜히 병원비 얘기를 해서 부담을 준 것 같아 후회가 됐다. 그런데 5분쯤 지났을까 여 집사에게서 전화가 왔다. 아파트 밑으로 내려오라는 것이었다. 박 사모는 이유도 모른 채 1층으로 내려갔다. 이게 웬일인가? 여 집사의 남편이 함께 와 있었던 것이다. 여 집사가 밝게 웃으며 말했다.

"사모님, 남편과 의논해서 병원비를 지불하기로 결정했습니다. 지금 바로 병원으로 같이 가시죠."

박 사모는 그제야 그림이 그려졌다. 여 집사는 원래 남편과 의논해서 차를 사기로 결정하고 박 사모의 아파트로 온 것이었다. 하지만 박 사모의 제안을 듣고 여 집사 부부가 5분 만에 병원비를 지불하는 쪽으로 결정한 것이다. 박 사모는 그들의 사랑에 감격했다. 세 사람은 바로 대학병원으로 갔다. 여 집사 부부는 환자도 안 만나고 원무과로 가서 병원비를 계산하고 떠났다. 박 사모는 이 체험으로 하나님 일은 순식간임을 깨달았다.

김지은 사모는 애끓는 기도에 응답하신 하나님을 찬양했다. 김지은 사모의 어머니는 그날로 퇴원해서 지금까지 건강하게 살아계신다. 그 후 김지은 사모의 남편 목사가 개척한 교회는 80여 명으로 부흥했다. 현재 그는 목회를 잘 하고 있다.

박예희 사모도 병원비를 해결해주신 하나님을 찬양했다. 하지만 아쉬움이 남았다. 8년 동안 기도해왔던 자신의 기도는 응답되지 않았기 때문이다. 그런데 병원비를 지불하고 한 달쯤 지난 어느 날, 그 여 집사로부터 전화가 왔다. 박 사모에게 차를 못 사준 게 너무 아쉬워서 중고차라도 사 드리기 위해 여러 중고차 센터를 돌아다녔다는 것이다. 박 사모는 여 집사의 사랑에 다시 한 번 감격해 하며 이렇게 인사했다.

"집사님, 감사합니다. 집사님 마음 제가 다 받았습니다. 이미

다 받았습니다."

그렇다면 박예희 사모의 기도는 어떻게 되었을까? 아쉽게도 카렌스를 달라는 그녀의 기도제목은 끝내 응답받지 못했다. 그래서인지 찜찜하다. 하지만 나는 박예희 사모를 인터뷰하면서 놀라운 사실을 알게 되었다. 박 사모가 간절하게 기도해온 진짜 기도제목이 있었던 것이다.

사실 카렌스가 절대적으로 필요한 것은 아니었다. 비록 중고차였지만 남편 목사의 차가 있었기 때문이다. 박 사모는 자신이 운전할 목적으로 생각날 때만 카렌스를 달라고 기도한 것이었다. 때문에 카렌스는 있으면 좋지만 없어도 그만인 차였다. 결국 카렌스는 응답받지 못했지만 박 사모는 자신의 진짜 기도제목이 응답되었다고 행복해했다. 박예희 사모의 진짜 기도제목은 무엇이었을까?

"하나님, 저와 남편에 관한 이야기가 책에 실려 복음을 전하는 의의 도구로 쓰임 받기를 원합니다."

하나님은 박예희(43세, 2013년) 사모를 통해 김지은(43세, 2013년) 사모의 기도에 응답하셨다. 박예희 사모의 기도는 응답되지 않았지만 카렌스보다 훨씬 가치 있는 병원비를 해결해주셨기에 그녀는 보람을 느꼈다. 박 사모는 그것으로 만족하려고 했다. 하지만 하나님의 생각은 달랐다. 박 사모의 진짜 기도제목에 응답해주시기를 원하셨던 것이다. 박 사모 남편 목사 이야기는 2012년에 어느 간증 집에 실렸고, 박 사모 이야기는 이 책에 실리므로 그녀의 소원은 이루어졌다.

"너희는 여호와를 만날 만한 때에 찾으라 가까이 계실 때에 그를 부르라…이는 하늘이 땅보다 높음 같이 내 길은 너희의 길보다 높으며 내 생각은 너희의 생각보다 높음이니 라" (사 55:6,9)

진귀한 나무의 주인

아담과 하와가 선악과를 따 먹고 범죄 하자 성삼위 하나님은 그들을 에덴동산에서 쫓아내셨다. 그 이유는 창세기 3장에 잘 나타나 있다.

"여호와 하나님이 이르시되 보라 이 사람이 선악을 아는 일에 우리 중 하나 같이 되었으니 그가 그의 손을 들어 생명나무 열매도 따먹고 영생할까 하노라 하시고 여호와 하나님이 에덴동산에서 그를…쫓아내시고 에덴동산 동쪽에 그룹(천사)들과 두루 도는 불 칼을 두어 생명나무의 길을 지키게 하시니라"(창 3:22-24)

아담과 하와로부터 생명나무를 지키시기 위함이다. 그 후 생명나무는 어떻게 되었을까?

2012년 12월 중순, 부산 사직동교회 담임 목회자인 김철봉 목사의 내면에서 거룩한 소원이 싹텄다. 보통 소원이라 하면 자기 힘으로 이루기 힘든 바람을 뜻하지만, 김 목사의 소원은 자신이

43

원하기만 하면 얼마든지 실현할 수 있을 만큼 소박한 것이었다. 그런데도 그는 소원을 성취하지도, 누구에게 말하지도 않고 오직 하나님과 자신만의 비밀로 간직했다.

싹은 자라게 되어 있다. 김 목사가 소원을 위해 기도하고 묵상할 때마다 심장이 두근거릴 정도로 좋았던 것은 자신의 생각에 힘을 실어주는 계기가 있었기 때문이다. 언젠가 CBS 기독교방송에서 김삼환 목사의 설교를 시청할 때였다. 유심히 보니 명성교회 강대상에도 자신이 소원하는 물건이 놓여있는 게 아닌가? 그것은 김삼환 목사도 자신과 생각이 비슷하다는 증거였다. 별것 아닌 것처럼 보일지 몰라도 김 목사에게는 반가운 일이었다.

한편, 그즈음 사직동교회에 출석하는 한 권사도 마음의 소원을 사모하고 있었다. 그 권사는 소원으로 인해 기쁨을 주체할 수 없을 정도가 되자 김철봉 목사에게 전화했다.

"목사님, 며칠 전부터 이상하게 제 마음에 불타는 소원이 일어났습니다."

– 예, 권사님. 무슨 소원입니까?

"제가 강대상에 놓을 종을 하나님께 바치고 싶습니다."

그 말을 듣는 순간 김 목사는 숨이 멈추는 것 같았다. 자신의

44

소원이 새해부터 강대상에 종을 놓는 것이었기 때문이다. 그가 종을 원했던 이유는 세 가지다. 과거 한국교회의 아름다운 전통에 대한 향수, 경건한 예배의 시작과 끝을 은은한 종소리로 알리는 것, 예배 중 느슨해진 교우들의 마음을 집중시키기 위한 것이었다. 그런데 이런 자신의 소원과 권사의 소원이 같다는 사실에 놀랐다. 김 목사는 감격해하면서 권사에게 말했다.

- 그렇습니까? 감사합니다. 그런데 권사님, 이왕 하실 거라면 제일 좋은 것으로 하면 어떻겠습니까?
"예, 목사님! 저도 제일 좋은 것으로 하기를 원합니다."

권사는 신이 나서 말했다.

김 목사는 새부산 기독서점에 문의해서 종에 대한 정보를 들었다. 9만 원, 10만 원, 25만 원, 세 종류가 있었다. 그는 제일 좋은 금종을 주문했다. 그리고 2013년 1월 6일, 신년 첫 주 설교시간에 종에 관한 사연을 전하는 순간 하나님께서 주시는 기쁨이 사직동교회 온 교우들에게 퍼져나갔다. 그날 우연히 예배에 참석한 내게도 동일한 기쁨이 임했다.
이처럼 내면에서 흘러나오는 기쁨은 어떻게 얻을 수 있을까?

"자기의 기쁘신 뜻을 위하여 너희(우리)에게 소원을 두고 행하게 하(빌 2:13)"시는 하나님께 소망을 두면 된다. 사직동교회 강대상에 종을 놓는 것은 사실 경건한 예배를 바라시는 하나님의 소원이었다. 그분의 기쁘신 뜻이 소원이 되어 담임 목사에게, 권사에게, 이어서 온 교우들에게 내려온 것이다.

에덴동산에서 자취를 감춘 생명나무는 김철봉(64세, 2013년) 목사와 익명을 요구한 권사의 소원이 성취되면서 그들의 소유가 되었다. 그들은 생명나무로 인해 세상이 줄 수 없는 참된 기쁨을 누릴 수 있었다. 또한 누구든지 하나님께 소망을 두면 그분이 생명나무를 선물로 주실 것이다.

"소원이 이루어지는 것은 곧 생명나무니라" (잠 13:12)

아버지의 기도

'역사는 반복된다.'는 말은 사실일까? 1984년 당시 54세였던 아버지는 하나님께 결사적으로 매달리셨다.

"하나님, 저는 아직 어린 자녀들을 양육해야 하고, 주의 양들도 더 목양해야 합니다. 60세까지만 살게 해주시면 그때까지 자녀들을 다 양육하고 사명 감당한 후 주님의 부르심에 응하겠습니다."

내 나이 16살 때 있었던 일이다. 아버지는 경남 하동에서 교회를 개척한 후 6년 동안 사역을 잘하셨다. 그리고 전남 승주군에 있는 한 교회로 임지를 옮기셨다. 아버지에게는 지병이 있었다. 고혈압, 안질환 수술, 뒷목 혹 수술, 신장(결석) 제거수술로 몸이 약했다. 그런 몸으로 목회를 무리하게 하시다보니 돌이킬 수 없는 합병증이 온 것이다.

아버지는 자녀들이 걱정되셨다. 큰 형과 누나와 작은 형은 성인이 되었지만 나와 여동생(12세)과 남동생(10세)은 아직 어려서

47

부모의 보살핌이 필요했기 때문이다. 그래서 하나님께 눈물로 간구하셨던 것이다. 하나님께서 은혜를 베풀어주셔서 아버지는 극적으로 회복되었다. 그로부터 2년 후 아버지는 통영에 있는 어느 섬 교회로 부임해, 그곳에서 행복하게 목회하셨다. 어느덧 여동생은 고3, 남동생은 고1이 되었다.

나는 1991년도에 신학교에 입학해서 1학기를 마치고 방학 때 대구 장갑 만드는 공장에서 아르바이트를 하고 있었다. 그때 작은 형으로부터 충격적인 소식을 들었다. 아버지가 5월에 뇌출혈로 쓰러지셨다는 것이다. 5월이면 3개월 전이었다. 왜 이제야 연락했냐며 따졌더니 내가 공부하는데 지장이 있을까봐 방학 때까지 기다렸다고 했다.

아버지는 거제도에 있는 사설 요양원에 계셨다. 아버지는 반신마비로 앙상한 모습이었다. 나는 인사만 드리고 밖으로 나와 숲으로 들어갔다. 그리고 하염없이 울었다. 평생 자녀들을 사랑하신 아버지! 세상에서 내가 제일 존경하던 분! 그런 아버지에게 이런 상황이 올 줄은 몰랐다. 나는 바로 휴학하고 아버지를 간병했다.

아버지는 고향으로 가기를 원하셨다. 그래서 고등학교에 재학 중인 동생들만 남겨 놓고 고흥으로 이사했다. 아버지는 11월까지는 차도가 없었지만 12월부터는 급격하게 건강을 회복하셨다. 말씀도 잘하셨고 몸에 살도 차올랐다. 그런데 한 달 후인 1992년 1월 22일 갑자기 의식을 잃고 쓰러지셨다. 그리고 23일 새벽, 나는 요란한 벨소리를 듣고 깨어났다.

"일두야!" 어머니의 떨리는 목소리가 들려왔다.
"아빠가 돌아가셨다."
"……!"

그게 끝이었다. 아무 생각이 안 났다. 다시 누웠지만 잠이 안 왔다. 어머니의 슬픈 목소리만 메아리쳤다. 아버지 나이 61세였다.

정신적 지주이셨던 아버지가 돌아가시면서 가족은 슬픔을 가슴에 안고 뿔뿔이 흩어졌다. 어머니는 광주에 베이비시터 baby sitter 로 가셨고 여동생은 대구에서 취직했다. 고2였던 남동생은 자취하면서 어렵게 공부했다. 나는 복학하는 9월까지 대구에서 제일 큰 김밥 공장에서 오토바이로 배달하는 일을 했다. 그 후로도 우리 가족은 10년간 고생했다.

"내가 어려서부터 늙기까지 의인이 버림을 당하거나 그의 자손이 걸식함을 보

49

지금 어머니와 형제들은 하나님께서 주신 복을 누리고 있다. 어머니는 장남인 큰 형 집에서 여생을 편안하게 보내고 계신다. 큰 형은 장로로, 누나는 미국에 이민 가서 종합 병원 간호사로, 작은 형은 안수 집사로, 나와 남동생은 목사로, 여동생은 평신도로, 각각의 자리에서 하나님을 섬기고 있다. 아버지가 돌아가시고 어머니와 형제들이 10년 동안 고생할 때는 하나님을 원망했지만 지금 돌이켜보면 모든 것이 감사한 것밖에 없다.

첫째, 60세까지만 살게 해 달라는 아버지의 기도에 하나님께서 응답하신 것을 감사한다. 만약 아버지가 54세에 돌아가셨다면 어머니와 우리 형제들은 비참하게 살았을 것이다. 만약 아버지가 뇌출혈이 오고도 오래 사셨다면 아버지 본인과 가족에게 큰 고통이 되었을 것이다.

둘째, 형제들이 홀로서기를 할 수 있었던 것에 감사한다. 어머니와 나와 두 동생은 오직 아버지만 의지하고 살았다. 그런데 아버지가 돌아가시고부터 살기 위해 홀로서기를 할 수밖에 없었다. 바로 이것이 우리 인생에 큰 도움이 되었다. 우리 형제들은 사회라는 거친 야생에서 물고기 잡는 방법을 배웠던 것이다.

나는 아버지가 돌아가실 때까지 6개월을 함께 보냈다. 그때 아

버지와 나는 많은 대화를 했다. '마일두'라는 이름도 이때 아버지
가 개명하라고 주신 것이다. 내 본래 이름은 '마창완'이었다. 완
전하게 빛난다는 뜻이다. 아버지와 나는 이 뜻에 문제가 있음을
공감했다. 완전한 인간은 없기 때문이다. 나는 아버지 돌아가시
고 2년 후인 1993년에 법적으로 개명했다.

아버지가 돌아가시던 1992년으로부터 2675년 전인 B.C. 683년
에 이스라엘에서 한 남자가 병들어 죽을 운명에 처하자 대성통곡
을 했다.

"여호와여 구하오니 내가 진실과 전심으로 주 앞에 행하며 주께서 보시기
에 선하게 행한 것을 기억하옵소서 하고 히스기야가 심히 통곡하더라" (왕하
20:3)

그는 히스기야 왕이다. 하나님은 히스기야 왕의 눈물어린 기
도를 들으시고 수명을 15년 연장해 주셨다. 역사가 반복된다는
것은 사실이다. 그리고 하나님의 은혜도 반복된다.

"이제 있는 것이 옛적에 있었고 장래에 있을 것도 옛적에 있었나니 하나님은
이미 지난 것을 다시 찾으시느니라" (전 3:15)

2장

여름에는
성령의 단비를 내려주소서
– 은혜

검정비닐 봉다리 사연　땅벌의 황당한 최후　랑데부 은총　귀신에 홀린 아가씨
가을비 내리던 겨울　행복한 외양간　콜링 시스템　야성을 치유하는 수의사

검정비닐 봉다리 사연

"빈익빈 부익부"라는 말은 사회뿐만 아니라 교회에도 해당되는 말이다. 이런 상황이 지속되면 우리는 하나님도 부자 편일 것이라고 생각하게 된다. 적어도 그 사건이 일어나기 전까지는 이 스토리의 주인공도 조금은 그렇게 생각하고 있었다. 이야기를 시작하기 전에 당신에게 바보 같은 질문을 하겠다.

"만약 당신에게 기회가 주어진다면, 10억 로또 복권에 당첨되는 것이 좋은가, 수백만 원에 불과하지만 일생에 한 번 있을까 할 정도로 의미 있는 금액을 얻는 것이 좋은가?"

당신은 아마 어이없어하면서 이런 질문을 한 나를 이상한 사람처럼 볼 것이다. 제정신이라면 당연히 10억을 선택할 것이기 때문이다. 그런데 나 같은 정신 이상자가 한 명 더 있다. 내가 아는 한 그는 10억과 수백만 원 중 반드시 수백만 원을 선택할 사람이다.

　2007년 7월 어느 날, 개척교회를 시작한지 24개월 된 이응성 전도사(51세, 구미 광명교회)는 구미 시립도서관에서 책을 읽고 있었다. 낮 12시쯤 되었을 때 집에 있는 아들로부터 연락이 왔다. 기독교서점에서 자신을 급하게 찾는 전화가 왔다는 것이다. 이 전도사는 영문도 모른 채 서점으로 달려갔다.

　도착해보니 서점 주인이 한 낯선 여성과 대화하고 있었다. 서점주인은 그 여성이 요청해서 이 전도사를 불렀다고 했다. 그녀는 무슨 사연이 있기에 일면식도 없는 이 전도사를 찾았던 것일까? 이 전도사의 눈빛을 본 여성은 함께 차를 마시면서 자초지종을 설명했다.

　"오늘 아침 일찍 일어나신 저희 시어머니께서 옷장에 있던 검정 비닐봉지를 꺼내 저에게 주시면서 '구미에 가면 이 돈이 필요한 사람이 있을 테니 그분께 드리고 오너라!'고 말씀 하셨습니다."

　자신을 대구 모 교회 집사라고 소개한 여성은 시어머니께 그분이 누구인지 여쭈었지만 시어머니는 구미에 가면 알게 될 것이라고만 말씀하셨다고 했다. 기차를 타고 구미역에 내린 여 집사는 어디로 가야 할지 막막해서 무작정 직선 코스로 걸어갔다. 한참 가는데 그녀의 눈에 기독교서점이 들어왔다. 순간 '저 서점에 가

56

면 해결 될지도 몰라.' 이런 생각이 들어 그녀는 서점으로 들어갔다. 여 집사는 금방 얘기하지 않고 책을 살펴보는 척 했다. 어느 정도 시간이 흐른 후 그녀는 용기를 내어 서점 주인에게 말을 걸었다.

"혹시 구미에 형편이 어려운 진실 된 교역자나 교회를 알고 계시면 좀 알려주십시오."
– 예, 이웅성 전도사님이라는 분이 있습니다만?
"그 분 좀 만나 뵐 수 있을까요?"

이렇게 된 사연이라면서 여 집사는 이 전도사에 관한 얘기를 듣고 싶어 했다. 이 전도사는 자기 교회 사정을 얘기했다. 모든 사연을 들은 여 집사는 이 전도사야말로 시어머니가 준 돈의 적임자요 주인인 것 같다고 말했다. 하지만 정작 이 전도사는 여 집사의 손길을 정중히 거절했다. 시어머니의 숭고한 뜻에 합당한 사람에게 귀중한 돈이 전해지면 좋겠다는 게 그의 바람이었다.

굴러들어 온 돈에 욕심이 없다는 사실을 알고 감동한 것일까? 여 집사는 자기 지갑에 있는 돈까지 몽땅 털어서 검정 비닐봉지와 함께 한사코 사양하는 이 전도사에게 건넸다. 얼떨결에 돈을 받게 된 이 전도사는 그녀에게 어디에 사는 누구인지만이라도 알려줄 것을 간청했다. 여 집사는 시어머니가 절대 비밀에 부칠 것을 당부하셨다면서 양해를 구했다. 그리고는 편찮으신 시어머니가 식사와 약 드실 시간이 됐다면서 뒤도 돌아보지 않고 가버렸다. 이응성 전도사는 교회에 도착해서야 검정 비닐봉지를 열어 보았다. 300만 원이 들어 있었다. 여 집사가 준 돈은 20만 원이었다. 이 전도사는 다음 날 주일 설교 시간에 이 간증을 했다. 그리고 예배 후 하나님께서 주신 귀한 돈을 어떻게 쓰면 좋을지 성도들에게 물었다. 출석교인 10명에 불과했지만 그들은 이 문제를 의논하기 위해 긴급회의를 열었다. 회의가 끝나자 그들은 이 전도사에게 뜻밖의 제안을 했다.

"전도사님, 이 돈으로 교회 차를 사면 좋을 것 같습니다. 저희들이 1,500만 원을 헌금 하기로 작정했습니다."

이 전도사는 깜짝 놀랐다. 사실은 일주일간 교회 차를 달라고 간절히 기도했기 때문이다. 일주일 전에 이 전도사가 타고 다니던 오래된 엑셀 승용차가 도로에서 완전히 퍼지는 사고가 있었다. 워낙 낡은 차인지라 폐기할 수밖에 없었다. 그런데 차가 있다가 없으니 불편함이 이만저만이 아니었다. 하지만 돈이 없어서 차를 살 수도 없었다. '자전거를 사서 심방하러 다닐까?' 이런 생

58

각도 해봤다. 그럴 때면 참담했다.

"하나님, 사역을 하려면 차가 필요합니다. 교회 차를 주셔서 주님께 영광이 되고 우리에게도 기쁨이 되면 좋겠습니다. 그런데 하나님, 이왕이면 12인승 스타렉스를 주십시오. 교인수와 맞고 유지하는 데도 교회에 안성맞춤일 것 같습니다."

이 전도사의 간절한 기도가 응답되었다. 감사할 일이 또 생겨났다. 교인들이 2주 후에 부족분 300만 원을 또 작정했다. 기도는 100% 응답된다. 이로써 자동차를 폐기처분한지 한 달 만에 2,100만 원짜리 신형 스타렉스를 구입하게 되었다. 이 전도사는 휴가철인 8월에 신학대학원 동기들을 스타렉스에 가득 태우고 동기 모임 장소인 울산 정자교회로 내려왔다. 모임 후에 그는 활짝 웃으며 내게 말했다.

"마 전도사님, 이 차가 바로 그 검정 비닐 봉다리 사건 차입니다!"

아마 당신도 10억보다 하나님의 특별한 은총이 깃든 300만 원을 선택할 것이다.

땅벌의 황당한 최후

인생에는 이성으로 이해하기 어려운 일들이 종종 일어난다. 확률에 관한 신기한 사건들이 이에 속한다.

세 남매 모두 같은 숫자가 세 번 겹치는 희귀한 날짜에 태어날 확률은 얼마나 될까? 미국 미시간 주 록퍼드에 거주하는 '채드와 바비 소퍼' 부부의 세 아이는 각각 2008년 8월 8일, 2009년 9월 9일, 2010년 10월 10일에 태어났다.[1]

완벽하게 둥근 달걀이 생겨날 확률은 얼마나 될까? 10억 분의 1이라고 한다. 2010년 10월 14일, 영국에 있는 한 호텔 요리사에 의해 발견된 이 달걀은 현재 그의 냉장고에 보관되어 있다.[2]

위 두 사건은 이스라엘에서 발생한 복권이야기에 비하면 아무 것도 아니다. 한 달 전에 당첨되었던 1등 번호가 한 달 만에 또 1등 번호로 나온 것이다. 2010년 10월 16일, 2194차 1등 당첨번호가 33, 26, 14, 36, 32, 13, 2번으로 결정되는 순간 복권을 손에 들고 방송을 보던 사람들은 입을 다물지 못했다. 예루살렘 히브리 대학교 통계학 교수인 '즈비 길루라' 교수는 "6개 번호가 1달

안에 다시 1등 번호가 될 확률은 4조분의 1일"이라며 "이는 화
성에 생물이 살 확률과 동일하다."고 말했다. 텔아비브대 통계학
교수인 '이트락 멜레트손' 교수도 "만년에 한번 일어 날 수 있는
일"이라고 했다.[3]

그렇다면 미친 땅벌 두 마리를 만나 행운을 얻을 확률은 얼마
나 될까? 이 땅벌들이 죽기 전 최후의 순간에 녹취한 내용을 들
어보자!

저는 땅벌입니다. 땅속에 집을 짓고 사는 벌이라서 땅벌이라고 불립
니다. 꿀벌보다 1.5배 정도 크고 사나워서 사람들이 경계하는 벌입
니다. 저에게는 꿈이 있었습니다. 꿀을 많이 모아서 여자 친구와 가
정을 갖고 아이들을 낳아 행복하게 사는 것입니다. 그래서 오늘도 친
구와 함께 산에서 열심히 꿀을 따고 있었습니다. 그런데 이렇게 황당
하고 허무하게 죽게 될 줄은 상상도 못했습니다.
제가 친구와 함께 한창 꿀을 따고 있을 때였습니다. 어디선가 황홀한
목소리가 들려왔습니다. 그 목소리는 강남금식기도원 쪽에서 들리
는 듯했습니다. 얼마나 감미롭던지 우리의 의지로는 거역할 수 없는
유혹이었습니다. 마치 우리 땅벌들이 꿈에도 그리던 낙원이 있다고
속삭이는 것 같았습니다. 그곳은 땅벌들이 이상으로 여기던 꿀 천지

일지도 모릅니다.

우리는 목소리가 이끄는 대로 정신없이 날아갔습니다. 마침내 기도원 산책로에 도착했습니다. 그런데 이게 웬일입니까? 다리가 하나밖에 없는 거대한 괴물이 꿀 천지로 가는 우리 앞을 가로 막는 것이었습니다. 친구와 저는 화가 치밀어 올랐습니다. 그 괴물의 가장 약한 부분을 공격하기 위해 깊숙이 침투해 들어갔습니다. 그리고 친구와 동시에 독침을 쐈습니다. 독침이 가죽을 뚫고 들어가는 순간 괴물은 "어이쿠!"라고 비명을 지르며 쓰러졌습니다. 저는 '이겼다!'고 생각했습니다. 그러나 바로 그 순간 괴물의 손바닥이 날아와 저와 친구를 후려쳤습니다. 우리는 죽어가면서 괴물이 외치는 말을 들었습니다.

"아니, 이 미친 벌이 왜 남의 바짓가랑이 속까지 들어와서 침을 놓고 죽냐?"

우리가 공격했던 것은 괴물이 아니라 소아마비에 걸린 사람이었던 것입니다. 황당한 것은 이 사람의 통화 내용이었습니다. 그는 서울에 살고 있는 누님에게 전화를 걸었습니다.

"누님, 아무리 전화해도 안 받더니 어디 갔다 온 겁니까?"
- 응, 어깨가 아파서 병원에서 치료받고 오는 길이야. 너는 어쩐 일

이니?

"예, 대구 공장에서 하루 종일 한 발로 서서 일했더니 건강한 다리까지 마비가 왔지 뭡니까. 그래서 서울 강남금식기도원에서 요양도 할 겸 6일간 금식기도 하러 왔습니다. 그런데 4일째 되는 오늘 산책을 하는데 갑자기 오른쪽 무릎 관절에 송곳으로 확 찌르는 통증이 있어서 무릎을 탁 치면서 주저앉았습니다. 바지를 걷어 올려 보니 땅벌 두 마리가 관절에 침을 놓고 죽어 있더라고요. 땅벌 두 마리가 나한테 무슨 볼 일이 있다고 내 바짓가랑이를 타고 올라와 관절에 침을 쏘고 죽었는지 모르겠네요. 지금 무릎이 많이 부었습니다."

– 오, 그래? 너 그거 하나님이 고쳐 주시려고 그런 거야! 내가 조금 전 어디에 갔다 왔는지 아니? 한 대에 3만 원 하는 봉침 2대 맞고 왔어.

"아, 그래요?"

누님으로부터 하나님께서 고쳐주셨다는 말을 들은 그는 다리를 오므렸다 펴보고 깜짝 놀랐습니다. 마비되었던 다리의 통증이 사라지고 건강이 완전히 회복되었기 때문입니다. 하나님의 절대 은총임을 깨달은 그는 하염없이 눈물을 흘렸습니다. 저도 그제야 깨달았습니다. 하나님께서 우리 둘의 독침을 사용하셔서 1mm의 오차도 없이 그의 마비된 다리를 완벽하게 수술해 주신 것입니다. 우리가 황홀경에 빠져서 여기까지 이끌려 온 것도 하나님께서 하신 것이었습니다. 이렇게 된 겁니다.

여기에 나오는 주인공은 대구에서 목회하고 있는 박용식 목사다. 그는 3세 때 소아마비에 걸렸다. 6세 때는 부친이 돌아가셨다. 그가 오랫동안 교회를 떠났던 것은 18세에 어머니가 자궁암으로 돌아가시면서부터다. 어머니를 지극히 사랑했던 그는 자궁암을 고쳐달라고 하나님께 3년간 기도했다.

하지만 어머니는 끝내 돌아가시고 말았다. 그는 "하나님은 없어!"라고 외치며 교회를 뛰쳐나갔다. 그리고 19년 동안 건달로 살았다. 이런 사람이 어떻게 인정받는 목회자가 될 수 있었을까? 그의 내면에 하나님을 향한 순수한 사랑과 19년 동안 하루도 빠짐없는 누님의 눈물어린 기도가 있었기 때문이다.

현재(2013년), 박용식 목사(61세)는 2008년에 개척한 '주님의 몸 된 교회'를 섬기고 있다. 전국 설교 부흥강사로도 활약 중이다.

랑데부_{Rendezvous} 은총

죄지은 인간 → 그들을 벌하신 하나님 → 하나님의 심판을 두려워하는 인간 → 그리고 두려움에 떨고 있는 인간을 안심 시키시려는 하나님이 계신다. 공포에 사로잡힌 인간을 가장 확실하게 안심시킬 수 있는 것은 무엇일까? 그것은 우주에서 가장 아름다운 것이어야 한다. 어느 곳에서도 볼 수 있지만 손에 잡히지 않아야 한다. 가끔씩만 볼 수 있을 만큼 흔하지 않아야 한다. 하나님께서 친히 보증한 것이어야 한다.

"내가 내 무지개를 구름 속에 두었나니 이것이 나와 세상 사이의 언약의 증거니라 내가 구름으로 땅을 덮을 때에 무지개가 구름 속에 나타나면 내가 나와 너희와 및 육체를 가진 모든 생물 사이의 내 언약을 기억하리니 다시는 물이 모든 육체를 멸하는 홍수가 되지 아니할지라" (창 9:13-15)

일곱 빛깔 무지개. 그것은 또다시 대홍수로 죽을 것을 두려워하는 인간을 위해 하나님이 디자인하신 선물이다. 하나님은 이것을 죽음의 공포로부터 구원하는 이미지로 사용하셨다. 무지개는 죄 지은 인간을 향한 성령의 은총의 이미지다. 무지개는 비 온 직후 구름에 있는 작은 물방울들 사이로 햇빛이 통과할 때 빛이 분산되면서 발생한다. 무지개가 생기려면 반드시 작은 물방울들과 햇빛이 만나야 한다.

그로부터 2,800년이 흘렀다. 수제자로서 자신만만했던 베드로는 추운 겨울 모닥불 앞에 모여든 많은 사람들 앞에서 스승인 예수님을 세 번 부인하며 저주했다. 예수님은 십자가에 못 박혀 돌아가셨다가 부활하셨다. 하지만 베드로는 갈릴리 바닷가로 가서 예수님을 만나기 전의 어부생활로 돌아갔다. 예수님은 그곳까지 찾아오셨다. 베드로와 제자들이 배에서 내려 뭍으로 가 보니 예수님께서 모닥불을 피어 놓고 계셨다. 그곳에서 베드로는 회복되었다.

다시 2,000년이 흘러 1993년이 되었다. 이제는 이동혁〈가명, 31세〉차례다. 이 녀석은 다른 또래 청년들과 차원이 다르다. 5대째 모태신앙이지만 못돼먹었다. 게다가 일류대학과 동대학원에서 사회학을 전공하여 반골기질이 있다. 공부를 잘하고 리더십이 있어서 학생회 간부도 많이 했다. 키 178cm, 몸무게 78kg으로 외모도 출중하다. 이렇다 보니 너무 잘난 나머지 가족과 환경을 핑계 대며 세상을 마음껏 즐기는 녀석이다.

이런 녀석을 10월 31일 주일 오후 1시 이전까지 돌려놓아야 한다. 그렇지 않으면 그는 영영 돌아오지 못하는 강을 건너게 된다. 그에게는 지금까지 사용하지 않았던 특별한 전략이 필요하다. 그는 중학교 때 하나님께 은총을 입은 적이 있다. 촉망 받는 축구 선수로 활약하다 대형 사고로 다리를 절단할 위기에 처해졌다. 절체절명의 순간 하나님이 그를 찾아오셔서 기적으로 회복되었다. 그는 주의 종이 되겠다고 서원했다. 그리고 까맣게 잊었다. 고등학교 때 가정 형편이 어려워지면서 아버지와 하나님에 대한 반항으로 술과 담배를 했다. 대학 3년부터는 교회와 담을 쌓고 운동권에서 활동하며 농성을 주도했다. 졸업 후 직장생활 할 때는 등산하고 테니스 치는 생활이 주제였고 패턴이었다. 세상 친구들과 밤낮 어울리다 보니 부모님과 누이(3명)들과도 자연히 멀어졌다. 하지만 반항할수록 내면의 공허와 허무도 깊어만 갔다. "하나님의 은사와 부르심에는 후회하심이 없다(롬 11:29)"고 했다.

10월 30일 토요일 저녁, 동혁은 친구와 함께 곤드레만드레가 될 때까지 술을 마셨다. 그리고 곯아 떨어져서 자고 있는데 주일 아침 6시 40분쯤 지방에 사는 어머니로부터 전화가 왔다. 이렇게 이른 아침에 전화가 온 적은 한 번도 없었는데 무슨 일이라도 있는 걸까? 술도 잠도 덜 깼는데 짜증이 났다. 하지만 어머니가 다짜고짜 울먹이며 말씀하셔서 진지하게 듣는 척 했다. 어머니는 꿈 이야기를 했다.

"동혁아, 오늘 새벽에 교회에서 기도하다가 나도 모르게 잠시 졸았는데 그때 특이한 꿈을 꾸었단다. 유대 광야에서 예수님과 함께 걸어가고 있었는데 예수님이 갑자기 나귀에 오르시더니 어디를 가야 한다고 하시더구나. 나도 같이 가고 싶다고 말씀 드렸더니 예수님은 잃어버린 양을 찾으러 간다고 하셨어. 나도 데려가 달라고 간청했더니 예수님이 자기 뒤에 태워주셨단다. 나귀를 타고 한참 가는데 어떤 사람이 머리를 산발한 채 피를 흘리고 쓰러져 있더구나. 그런데 예수님이 그 사람을 나귀에 태우시기에 누구인지 궁금해서 자세히 살펴보니 바로 너였단다. 하나님의 특별한 섭리가 있는 꿈인 것 같아서 너에게 바로 전화한 거다. 동혁아, 예수님은 너를 사랑하신단다. 내 소원이 있다. 오늘만큼은 꼭 교회 가거라."

동혁은 어머니로부터 꿈 이야기를 들었지만 그것에 특별한 의미를 부여하지는 않았다. 하지만 어머니가 울면서 부탁한 것이라 그날만이라도 교회에 나가기로 마음먹었다. 그날 오후 1시에는 백화점 스카이라운지에서 친구와 술 약속이 있었다. 그는 그 백화점 근처에 있는 한 대형교회를 선택했다. 예배 마치고 친구와 빨리 만나기 위해서다. 아침에 목욕탕에 가서 목욕을 한 후 교회 맨 앞자리에 앉아서 예배를 드렸다.

그런데 뭔가 이상했다. 본문이 누가복음 15장 1-7절로 〈잃은 양 비유〉에 대한 내용이었다. 담임 목사는 잃은 양에 대해 설교하면서 탕자 이야기를 했다. 그는 그 말씀을 듣는 순간 까무러칠 뻔했다. 꿈 이야기와 똑같았기 때문이다. 주체할 수 없는 눈물이 흘러내렸다. 예배가 끝나고 모두 돌아갔지만 그는 예배당에 홀로 남아 흐느끼고 있었다. 그때 담임 목사가 와서 그를 목양실로 인도했다. 담임 목사는 그를 위해 10분간 간절히 기도해주었다.

그는 친구와의 술 약속을 과감히 취소해버렸다. 그런데 그날 오후에 또 다른 소식이 그를 완전히 변화시켰다. 평소 잘 알고 지내던 여자 후배로부터 전화가 왔다.

"오빠, 요즘 어떻게 지내세요? 혹시 요즘 무슨 일이라도 있나요? 오늘 새벽기도 갔다가 특이한 꿈을 꿨어요. 제가 광야에 있었는데 예수님이 피투성이가 되어 쓰러진 누군가를 나귀에 태워 오시는 거예요. 그런데 궁금해서 보니 그 사람이 바로 오빠였어요."

동혁은 그 체험으로 인해 오랫동안 잊고 있었던 하나님의 사랑을 느꼈다. 중학교 때 다리를 다치고 하나님이 사랑하신다는 것은 알았지만 그것은 피상적인 것이었다. 많은 친구들이 있었지만 항상 외로웠었다. 그런데 그날은 꿈과 메시지를 통해 맞춤식으로 꼬집어서 '내가 너를 사랑한다.'고 말씀하시는 것 같았다. 그는 하나님이 자신을 정말로 사랑하신다는 것을 알았다.

그러자 그동안 방황했던 모든 문제가 일시에 사라졌다. 그날 이후, 그는 자신이 메시지를 들었던 그 교회에 새벽기도를 1년간 나갔다. 그리고 1년 후 그 담임 목사의 추천으로 장로회신학대학 신학대학원에 들어갔다. 이동혁(50세)은 현재(2013년) 대구에서 담임 목사로 하나님과 성도들을 섬기고 있다.

작은 물방울들과 햇빛이 만나 무지개가 생긴 것, 스승을 배신하고 죄책감에 빠져 있는 베드로에게 모닥불이 두 번 클로즈업 closeup 된 것, 이동혁 목사의 어머니와 여자 후배가 같은 날, 같은 꿈을 두 번 꾼 것과 꿈과 설교 메시지의 내용이 일치한 것, 이 모든 랑데부[4)]는 사랑과 변화를 위한 성령의 섭리이다.

귀신에 홀린 아가씨

잠언 14장 10절은 "마음의 고통은 자기가 알고 마음의 즐거움은 타인이 참여하지 못하느니라."고 했다. 바로 이것 때문에 인간은 고통을 받을 때 처절한 고독과 절망에 처하게 된다. 자기 마음의 고통을 아무도 못 알아주기에 도움을 받을 수 있는 길이 없다고 생각하는 것이다. 하지만 사람은 몰라도 귀신은 안다. 그래서 나는 귀신을 나의 구주로 섬기고 있다.

김 목사는 1994년 부산 명장동에서 교회를 개척했다. 그는 오직 영혼구원이라는 비전을 이루기 위해 잘 나가던 건설회사 사장 자리도 헌신짝처럼 버린 사람이다. 하지만 개척 1년 만에 앞이 보이지 않는 상황에까지 이르렀다. 총동원 전도주일을 통해 새신자가 1,200명이 왔지만 그 중 한 명도 등록하지 않았던 것이다. 게다가 자녀들이 영양실조에 걸릴 만큼 가난한 삶이 지속되었다. 그는 자신의 한계를 느끼며 절망했다. 그가 할 수 있는 일이라고는 그저 하루에 5- 10시간 동안 엎드려 기도하는 것과 전도뿐이었다.

1995년 어느 월요일, 김 목사는 그날도 새벽기도 때 답답한 마음을 하나님 앞에 쏟아낸 후 아침 8시쯤 교회 봉고차를 타고 집으로 가고 있는데 바로 그때 강력한 음성이 그의 뇌리와 가슴을 동시 다발적으로 내리쳤다.

"저기 보이는 자매에게 복음을 전하라!"

분명히 마음속에서 울리는 목소리였지만 귀로 들리듯 선명하고 확실했다. 김 목사는 곧 성령이 지시하시는 것임을 알아차렸다. 우측 인도를 보니 깔끔하게 차려입은 아가씨가 걸어가고 있었다. 김 목사는 그녀에게 복음을 전하려고 했다.

그런데 문제가 생겼다. 1차선 밖에 없는 이면 도로인데다 출근 시간이었기에 정체현상이 극심했던 것이다. 그러다보니 차를 정차할 엄두가 안 나서 어쩔 수 없이 그녀를 지나쳐버렸다. 더 큰 문제가 그 다음부터 발생했다. 오후가 될수록 가슴이 조여오기 시작한 것이다. 성령의 음성을 무시하고 거슬린 것 때문에 그분이 김 목사를 책망하시는 것이었다.

다음 날이 되었다. 어제와 같은 시간에 같은 장소를 지나가는데 성령이 또 "저 자매에게 복음을 전하라!"고 말씀하셨다. 고개를 돌려 보니 어제 그 자매였다. 김 목사는 단단히 결심하고 복음을 전하고자 했다. 그런데 또 지나쳐버렸다. 뒤에서 차가 끝없이 밀려오고 있었기 때문이다. 그때부터 본격적인 고통이 시작되었다. 시간이 지날수록 마음의 답답함이 심해져서 견딜 수가 없을 지경이었다. 복음을 전하라고 하신 성령을 두 번이나 거스르고 불순종했으니 그럴 수밖에…….

김 목사는 죄송한 마음에 다음 날 아침에는 꼭 복음을 전하겠다고 기도하며 단단히 벼르고 준비했다. 그런데 수요일 아침에는 자매가 보이지 않았다. 김 목사는 안타까운 심정에 속이 타들어 갔다. 그는 하나님께 간절히 기도했다. "하나님, 불순종한 것 용서해 주십시오. 이번에 그녀를 보면 무슨 수를 써서라도 복음을 전하겠습니다."

하지만 그 자매는 목요일 아침에도 보이지 않았다. 김 목사는 통곡하면서 기도했다. "성령님 자매를 한 번만 더 보내주시면 제가 반드시 복음을 전하겠습니다." 금요일이 되었다. 그 자매가 보였다. 흰색 계통의 옷을 아래위로 입고 걸어가고 있었다. 김 목사는 기회를 놓칠세라 창문을 내리고 조금씩 전진하면서 그 자매를 황급히 불렀다.

- 자매님!

"예?" 갑자기 부르는 큰 소리에 깜짝 놀란 아가씨가 엉겁결에 대답한 것이다.

73

- 교회 갑시다.

"어느 교회인데요?"

- ○○○ 교회요.

"……."

- 자매님, 어디 사세요?

"기린아파트요."

- 제가 주일 아침 10시 40분까지 아파트 정문으로 사람을 보낼 테니 그때 나오세요!

"예, 나갈게요!"

순식간에 일어난 일이었다. 그게 전부였다. 김 목사는 그토록 바라던 자매를 만나서 복음을 전했을 뿐만 아니라 교회에 나온다는 확답을 받고 아파트 정문에서 만나기로 약속했다는 데서 큰 기쁨을 느꼈다. 그런데 오후가 되면서 근심이 찾아왔다. 전화번호와 아파트 동수를 물어보지 않았던 것이다. '만약 안 나오면 어떡하지?' 부정적인 생각이 계속해서 일어났다. 그래서 금요철야 때와 토요일 내내 필사적으로 기도했다.

주일이 되었다. 김 목사는 11시에 설교를 해야 하는데도 그 자매의 얼굴을 아는 사람이 자신 밖에 없었기에 기린아파트까지 친히 차를 몰고 갔다. 과연 그녀가 나올까? 김 목사는 떨리는 심정으로 아파트 정문에 들어섰다. 아, 자매가 곱게 차려입고 10시 40분 정각에 기다리고 있는 것이 아닌가. 그때의 기쁨이란 이루 말할 수 없을 지경이었다. 그는 자매를 태우고 교회로 와서 예배를 드린 후 신앙상담을 했다.

그녀는 전라도 해남출신으로 고등학교 졸업 후 직장 따라 부산에 온 것이라고 했다. 어릴 때 소아마비에 걸린 탓에 한쪽 다리를 심하게 절었다. 교회는 초등학교 때 잠시 다닌 것이 전부였다. 부산은 스물아홉살 자매에겐 외롭고 낯선 곳이었다. 게다가 소아마비로 사는 것이 힘들었다. 그러다보니 늘 죽을 생각만 하며 살았다. 김 목사가 그녀를 만날 즈음에는 진짜 자살을 실행하려던 시점이었다. 귀신鬼神에게 홀렸던 것이다.

그런데 하나님께서 만나주셔서 이 자매는 그때부터 행복해지기 시작했다. 탄탄한 믿음 위에 세워지자 인생이 바뀌고 성격도 긍정적으로 변화되었다. 청년회 여회장이 되어 교회 일도 열심히 했다. 이제 이 자매의 앞날에는 불행이 끝나고 오직 행복만이 있을 것 같았다. 그런데 자매가 신앙생활을 한지 3년쯤 되던 어느 날 청천벽력 같은 소식을 들었다.

몸이 안 좋아서 병원에 갔더니 자궁에 물혹(자궁근종)이 생겼다는 것이다. 상태가 심각해서 결국 나팔관 2개를 드러내야만 했다. 이는 곧 아기를 가질 수 없다는 것을 의미한다. 김 목사도 애간장이 녹아내리는 것 같았다. '이렇게 열심인 자매에게 왜 이런 불행한 일이 생겼을까? 다리도 불구인데다 이제는 나팔관까지 드러내었으니 이 자매는 무슨 소망으로 살아갈 것인가?' 김 목사도 그때만큼은 하나님이 이해가 안 되었다. 고통스러워할 자매를 생각하며 눈물을 흘리며 기도 했다. 이제 이 자매의 인생은 어떻게 될까?

그로부터 1년이 지난 어느 날 그 자매가 김 목사에게 뜻밖의 소식을 전해왔다. 좋아하는 남자가 생겼는데 그가 자신에게 청혼을 했다는 것이다. 김 목사는 그 소식이 기쁨으로 다가오기보다는 오히려 걱정이 앞섰다. 가난한데다 소아마비까지 걸린 처녀에게 청혼한 청년의 저의底意가 의심스러웠기 때문이다. 김 목사는 그 남자를 만나보았다.

- 혹시 이은실(가명) 자매가 아기를 못 낳는다는 사실을 알고 있습니까?

"예 알고 있습니다."

- 그러면 평생 아이를 못 낳고, 한쪽 다리가 심한 불구인데도 행복하게 살 수 있습니까?

"목사님, 그런 외적인 것은 아무런 문제가 되지 않습니다. 예수 안에서 믿음으로 얼마든지 행복하게 살 수 있습니다."

천사 같은 형제였다. 그는 직장 동료로서 예수를 잘 믿는 청년이었다. 두 사람은 결혼하여 신랑이 다니는 교회(부산)에서 신앙생활을 했다. 시간이 흘러 김 목사가 개척한 교회도 세계적인 교회로 성장했다. 김 목사가 민족과 열방을 일깨우는 비전으로 정신없이 사역하던 2007년도에 그 자매로부터 연락이 왔다.

– 목사님, 제가 그때는 경황이 없어서 결혼식 날 친정아버지 같은 목사님께 양복 한 벌 못해드린 것이 얼마나 가슴 아팠는지 모릅니다. 이제라도 한 벌 해드리고 싶습니다.

"아이고, 너희나 잘 살아라. 나 그 양복 안 받아도 된다."

김 목사는 손사래를 쳤지만 자매는 한사코 받아주시기를 청했다. 자신을 예수 믿게 하고 길러준 목사님께 결혼한 지 10년이 넘었는데도 양복 한 벌 못해드린 게 평생 빚진 마음이었다는 것이다. 결국 김 목사는 이은실 자매와 1년 동안이나 실랑이를 한 끝에 자매의 요청을 받아들였다. 김 목사는 자매가 양복 사라고 준 돈을 선교비로 헌금했다. 김 목사는 이은실 자매가 자신에게 했던 말을 평생 은혜와 감동으로 기억하고 있다.

"그때는 제가 왜 목사님께 교회에 간다고 약속했는지 후회를 많이 했습니다. 이미 약속했으니 안 나갈 수도 없고 나갈까 말까 수백 번도 더 고민 했습니다. 그런데 정신을 차리고 보니 제가 목사님과 약속한 시간에 아파트 정문에 서 있는 것이었습니다. 마치 귀신에 홀린 것 같았습니다."

자매의 말이 맞다. 그녀는 귀신에게 홀렸던 것이다. 귀신貴神, 그분은 자매에게 영생을 주시기 위해 역사하신 귀한 신이신 보혜사 성령님이시다. 어려운 개척교회 시절에 일어난 이 사건은 김 목사에게 큰 위로와 힘이 되었다. 그는 자연적 교회성장(NCD, 크리스티안 A. 슈바르츠)이 세계에서 가장 건강한 교회(107점)로 인정한 풍성한 교회의 김성곤 목사이다.

가을비 내리던 겨울

가을비 내리던 날, 나는 그날 보았던 장면을 결코 잊지 못한다. 2002년 가을, 신학대학원 1학기를 마친 나는 형편이 너무 어려워서 휴학을 했다. 그리고 1년간 논술회사에서 방문교사 일을 했다. 아침에 출근하는 내게 아내와 25개월 된 아들이 환하게 웃으며 잘 다녀오라고 손을 흔들었다.

비가 제법 왔다. 시내버스를 타고 가는데 창문에 비가 흘러내렸다. 그 가을비를 보기 위해 무심코 창밖을 바라보다가 성당시장과 대구대학교 대명동 캠퍼스 중간쯤 있는 고물상 앞에서 그 장면을 본 것이다. 그 장면은 그렇게 특별하지도 않았다. 너무나 평범한 것이었기에 그냥 지나쳐버릴 수도 있었는데 어쩌다 보니 내게 클로즈업되었고 나의 뇌리와 가슴에 그대로 각인되어 버렸다.

60대로 보이는 노인이 5-6개정도 되는 재활용 박스를 들고 고물상 앞에서 비를 맞으며 서 있었다. 그게 뭐 어쨌단 말인가? 아니, 진짜 심각한 상황이다. 고물상의 육중한 철문이 굳게 닫혀 있었기 때문이다. 나는 그때 연약한 인간의 실존을 보았다. 몇 개

밖에 안 되는 재활용 박스가 얼마나 하겠는가. 노인은 그것을 팔려고 왔는데 팔지 못하게 되자 닫혀 있는 철문 앞에서 비를 맞으며 고개를 숙이고 서 있었던 것이다.

릭 워렌 목사는 『목적이 이끄는 삶』에서 하나님은 우리 각자를 특별한 목적이 있어서 부르셨다고 주장한다. 그런데 우리는 그 목적, 곧 하나님께서 자기 자신에게 주신 사명을 쉽게 발견하지 못한다. 하나님이 개인에게 주신 사명은 대부분 달란트나 은사를 통해 발견한다. 하지만 때로는 일상에서 우연히 일어난 일들에 의해서 발견하기도 한다.

내가 신학교 2학년 때인 1993년에 포항장성교회에서 교육전도사로 사역할 때였다. 장성교회는 신년부흥성회를 열고 유명한 박용규 목사를 강사로 초청했다. 박용규 목사는 말과 글에 달인이었다. 초등학교 때부터 대학교 때까지 전국웅변대회에서 13번이나 우승했다. 그는 26세 때는 한국기독교 고전에 속한 『저 높은 곳을 향하여』 외 두 권을 저술하여 약 500억 원을 벌었다(『저 높은 곳을 향하여』는 영화로도 만들어졌다). 그 수입으로 그는 경기도 성남에 송림 중·고등학교 셋을 설립하여 교장과 이사장으로 섬겼다.

그 후 목사가 되어 성남제일교회를 개척한지 18년 만에 출석 교인 5,000명으로 성장시켰다. 그는 신학박사였고, 기독신보 논설위원을 역임했으며, 총회선교 100주년 사료분과 위원장과 총회신학대학 이사로도 지냈다. 그가 얼마나 잘 알려졌던지 당시 박정희 대통령이 문교부 장관으로 추천하였고, 신민당 총재였던 김영삼 전 대통령은 성남에서 국회의원에 출마해달라고 부탁할 정도였다.

그렇게 잘 나가던 박용규 목사는 1987년(49세)에 고혈압으로 쓰러지고 만다. 그리고 의식을 잃은 며칠 동안 꿈에서 천사들의 인도로 천국과 지옥을 보고 온다. 그때부터 한국교회와 전 세계를 다니며 천국과 지옥이 있음을 알렸다. 박용규 목사가 장성교회로 온 것도 천국과 지옥에 대한 메시지를 전하기 위해서였다.

감사한 것은 당회원들과 식사하는 자리에서 박용규 목사가 나를 수행원으로 지목할 때부터 내가 그와 가장 가까운 사이가 되었다는 것이다. 그것이 거인과의 첫 만남이었다. 박용규 목사는 대구나 대구 인근에서 집회할 때면 언제나 나를 불렀다. 나는 지금도 대단히 인간적이었던 그를 잊을 수 없다.

그는 천국에 갔을 때 하나님께로부터 받은 두 가지 사명을 내게 말해주었다. 그것은 전 세계교회를 다니며 천국과 지옥이 있다는 사실을 전하라는 것과 양로원을 만들어서 가난한 은퇴 목회자 50명을 돌아가실 때까지 부양하라는 것이었다. 그렇게 하면 다시 부름 받아 천국에 올 때 지금보다 상급을 20배나 주신다는 것이다.

그때는 그 말이 나와 전혀 상관없을 줄 알았다. 박용규 목사는 2006년도에 소천 했다. 그 소식을 늦게 들은 나는 진한 슬픔과 죄책감을 동시에 느꼈다. 가끔씩 박 목사가 내게 했던 말이 생각났기 때문이다.

"마 전도사, 내가 왜 자네를 선택했는지 아나? 언젠가 내가 죽으면 내 장례식에 참석해 달라는 것이네."

박용규 목사 소천 후 나는 가끔씩 그를 회상했다. 그와 함께 했던 시간들은 내게 아름다운 추억으로 남아 있었다. 그는 나를 아들처럼 대했다. 그는 아버지였고 나는 그의 아들이었다. 우리는 함께 식사를 하고, 샤워를 했으며, 팔베개를 하고 잠도 잤다. 하지만 시간은 아름다운 추억도 지워버린다.

시간이 흘러 그를 잊을 만 할 2011년도의 어느 날 오히려 그를 영원히 내 가슴에 새기게 되는 일이 일어났다. 박용규 목사의 사

82

모와 전화통화를 한 것이다. 나는 그녀를 한 번도 본적이 없었다. 하지만 그녀는 이미 나의 어머니였다. 나는 그분과 박용규 목사에 관한 추억을 교환했다. 그러자 임종도 못 지키고 장례식에도 참석하지 못한 것에 대한 죄책감과 보고 싶은 감정이 물밀듯이 일어났다.

바로 그때 나의 뇌리에 각인되었던 봉인이 풀리면서 과거 가을비 내리던 날 보았던 슬픈 장면이 떠올랐다. 그리고 닫혀 있는 고물상 앞에서 재활용 박스 몇 개를 들고 비를 맞으며 서 있는 노인의 모습과 하나님께서 박용규 목사에게 가난한 은퇴 목사들을 부양하라고 주신 사명이 서로 교차하면서 박 목사의 사명이 나의 사명으로 다가왔다.

그것은 전혀 예상 못한 일이었지만 내게는 또 다른 유레카였다(아르키메데스가 목욕 중에 물체의 비중을 재는 방법을 발견하자 기뻐하며 소리친 말 – "바로 이것이다"는 뜻). 하나님께서 기뻐하시고, 내가 존경하는 박용규 목사가 행한 일이라면 얼마든지 기쁨으로 사명을 감당하리라고 결심했다.

내 사명이 이것만 있는 것은 아니다. 목회를 기본으로 하면서 '빠르고, 쉽고, 확실한 방법으로 사람들이 발전(전인적으로)하도록 돕는 것'이 내가 하나님께로부터 받은 사명이다. 여기에는 책을 통한 사역도 포함된다. 이 모든 사명을 감당하기 위해 최선을 다

할 생각이다.

　2002년도, 가을비 내리던 날의 내 마음은 겨울이었다. 하지만 그 겨울이 없었다면 나는 사명을 발견하지 못했을 것이다. 그래서 감사하고, 행복하다. 가난한 은퇴 목사님들에게는 따뜻한 겨울을 만들어 주고 싶다.

행복한 외양간

6.25 전쟁의 후유증이 군데군데 남아 있던 60년대에 서울에서 있었던 일이다. 지금은 세계적으로 유명한 목사가 개척교회 시절에 가난과 질병으로 고생하는 한 주부에게 예수 믿고 구원받으라고 전도 했다. 주부가 목사에게 말했다. "지금 생활이 지옥인데 죽고 나서 천국 가는 종교라면 나는 믿지 않겠습니다." 목사는 그녀의 말에 충격을 받고 그때부터 영혼의 문제뿐만 아니라 현실생활까지도 책임지시는 복음을 전했다고 한다.

위대하신 하나님은 현실생활 문제에 어디까지 관여하실까? 가난하고 소외된 그리스도인들은 이 부분을 궁금해한다.

어느 날 밤 한 나그네가 들판을 지나가고 있었다. 어둠을 뚫고 한참 가는데 갑자기 그의 눈에 섬뜩한 장면이 들어왔다. 하늘을 찌를 듯한 대나무 수백 개에 아기 기저귀 같은 하얀 천 수백 장이 달려서 펄럭이고 있는 것이 아닌가. 게다가 으스스하게 안개까지 흐르고 있었다. 나그네는 두려운 마음을 억누르고 그곳을 부리나케 지나갔다. 그리고 산속을 헤매다가 외딴 집을 발견했다. 그 집에 가서 노크를 하니 할머니가 나와 친절하게 맞아주었다. 나그네는 할머니의 인도로 집안 구석구석을 구경했다. 마지막으로 부엌에 들어갔다. 그런데 부엌 벽이 좀 특이했다. 사방이 파란색 벽지로 도배되어 있었던 것이다. 그는 그것을 대수롭지 않게 생각하며 거실로 가기 위해 몸을 돌이켰다. 하지만 그 순간 나그네는 경악을 금할 수 없었다. 벽지 문양이 뱀이 꿈틀거리는 것처럼 스르르 움직이더니 순식간에 수백 개의 부적으로 변했기 때문이다. 그것을 본 나그네는 혼비백산하여 줄행랑을 치고 말았다.

전설의 고향에서나 나올듯한 이 이야기는 1997년도에 내가 꾸었던 꿈에 나오는 내용이다. 나는 어쩌다가 이렇게 무시무시한 꿈을 꾸게 되었을까? 꿈을 꾸기 전날까지 나는 대구 대명동에 있는 월세 집에서 자취를 하고 있었다. 그런데 그날 저녁에 주인아주머니가 내게 다음 날까지 방을 비워달라고 했다. 아들이 들어와서 살기로 했다는 것이다.

어쩔 수 없이 나는 자취방을 구하러 다녔다. 그러다가 찾아간 곳이 꿈에 나왔던 그 할머니 집이었다. 그 집은 계명대학교 대명동 캠퍼스 후문에서 가까웠다. 나는 방과 화장실을 살펴보았다. 그런대로 괜찮았다. 마지막으로 부엌을 보고 나오는데 부엌에 도

배되어 있는 파란색 벽지가 마음에 걸렸다. 사글세로 120만 원이었는데, 100만 원에 합의하고 돈은 다음날 드리기로 했다. 그런데 바로 그날 저녁에 그 꿈을 꾼 것이다.

다음날 아침 나는 간밤에 꾼 꿈이 이상하다는 생각이 들어서 계명대학교 음악대학 강사인 김상신 집사한테 전화해서 꿈 이야기를 했다. 김 집사는 한걸음에 달려와서 자신이 먼저 할머니를 만나보고 오겠다고 했다. 잠시 후 할머니를 만나 본 그가 내게 말했다.

"전도사님, 그 집에 안 들어가시는 게 좋을 것 같습니다. 알아보니 그 할머니 사이비 종교인입니다."

나는 의리를 중요하게 여기는 사람이다. 할머니와 구두로 계약을 했는데 명분도 없이 일방적으로 계약을 파기할 수는 없었다. 그래서 할머니를 찾아가서 그 집에 못 들어간다는 사실을 알렸다. 할머니는 의아해하면서 무슨 일인지 물었다. 내가 대답했다.

"할머니가 믿는 신과 제가 믿는 신이 서로 원하지 않는 것 같습니다. 어젯밤에 할머니가 믿는 신과 제가 믿는 신이 서로 싸우는 꿈을 꾸었습니다."

할머니는 황당해하며 화를 내셨다. 나는 할 도리를 다했다고 생각했다. 그리고 기도하면서 다른 곳을 찾아다니다가 겨우 한 군데에서 자취방을 구했다. 그 방은 할머니 방에 비해 형편없었다. 2-3평되는 방에 문풍지가 많이 뚫려 있어 찬바람이 들어오는데다 부엌도 없고, 수도는 마당에 있었으며, 화장실도 재래식이어서 여간 불편한 게 아니었다.

하지만 그 집은 천국 같은 곳이었다. 마음이 편안했기 때문이다. 하박국 3장 17절로 18절은 말씀한다.

"비록 무화과나무가 무성하지 못하며 포도나무에 열매가 없으며 감람나무에 소출이 없으며 밭에 먹을 것이 없으며 우리에 양이 없으며 외양간에 소가 없을지라도 나는 여호와로 말미암아 즐거워하며 나의 구원의 하나님으로 말미암아 기뻐하리로다."

그 자취방은 소가 없는 외양간 같았지만 나와 함께 하시는 하나님으로 인해 즐거워하며 평안을 누릴 수 있었다. 그 곳은 내게 행복한 외양간 같은 집이 되었다. 나는 그 집에서 1년은 혼자서 살고, 2년째는 신학을 하는 남동생과 함께 살았다. 그리고 3년째에 아내와 결혼하면서 신혼집으로 이사했다.

현실이 된 꿈속 전투를 통해 나는 영적인 환경이 얼마나 중요하며, 하나님이 내 삶의 구석구석에 얼마나 깊이 개입하기 원하시는지를 알게 되었다. 상극의 기운이 있는 집에 들어가면 영적으로 영향을 받을 것이기에 내가 그 집에 들어가는 것을 막으시려고 하나님께서 꿈을 통해 알려주신 것이다. 별것 아닌 자취방 하나 얻는 데에도 신들이 싸우는데, 우리 삶의 모든 영역에서는 얼마나 치열한 영적전쟁이 일어나겠는가.

콜링 calling 시스템

공군 조종사를 한 명 양성하는 데 비용은 얼마나 들까? 현재 우리 공군의 주력기라 할 수 있는 KF- 16 전투기의 경우, 10년 차 교관 조종사 양성비용이 123억 원(공군 조사, 2007년 기준)에 달한다고 한다. 그렇다면 목회자는 어떨까? 이것과 비교할 수 없을 만큼 높은 가치와 정교한 시스템에 의해 탄생한다. 그 좋은 예가 박준곤(가명, 45세, 2013년) 목사다.

박준곤은 고등학생 때만 해도 어머니가 교회 가라고 하면 "하나님이 어디 있어. 나는 머리 밀고 중이 될 거야!"라고 말하며 반항했다. 그는 창세기 1장 1절 말씀, "태초에 하나님이 천지를 창조하시니라."는 말씀을 가장 싫어했다. 준곤은 "이 세상을 하나님이 창조했다고? 그런 새빨간 거짓말이 어디 있어. 빨갱이보다 더 거짓말쟁이지. 어떻게 말씀으로 세상을 창조 하냐!"라고 말하며 성경을 믿지 않았다.

90

그런 준곤에게 반전이 일어났다. 군대에서 창세기 1장 1절 말씀이 믿어진 것이다. 행정실에서 서랍 속 파란 성경책을 몰래 꺼내 읽는 순간 자신도 모르게 믿어졌다고 한다. 그때부터 연무대교회에 다니면서 세례 받고, 신앙생활도 열심히 했다. 준곤이 기독교에 반발했던 이유는 어머니가 준곤의 믿음과 상관없이 신앙을 강제했기 때문이다.

그의 신앙열정과 열등감은 제대 후에도 이어졌다. 영락교회에서 5년간 오전 7시 예배만 드린 것이 그 증거다. 그가 7시 예배만 고집했던 이유는 혹시 청년들을 만날까봐 두려웠기 때문이다. 청년들을 만나면 자신을 오픈해야 하고, 자신을 오픈하면 보여줄 게 아무 것도 없다는 것이 비참했다. 가난하고 전문대졸이며 직장도 없는 사람에게 누가 관심이라도 갖겠는가. 그래도 하나님을 만나고 은혜는 받아야겠기에 1부 예배라도 참석한 것이다.

홍수 때 댐이 안전하려면 방류해야 한다. 준곤의 혼자하는 신앙생활은 하나님에 대한 갈망을 채워주지 못했다. 하나님을 알고 싶은데 나이는 들어가고, 진퇴양난의 기로에서 준곤은 작심하고 청년부로 찾아갔다. 그는 이것이 하나님의 초청임을 몰랐다. 하나님께서 그의 마음에 찾아오심으로 준곤은 고질적인 열등감에서 해방되었다.

이게 다가 아니었다. 성경공부하면서 그의 갈망이 봇물 터지

듯 폭발했다. 그는 28세가 되기까지 예수님이 하나님인지도 몰랐다. 그런데 요한복음 1장을 공부하면서 태초에 계셨던 말씀이 하나님이고, 그 하나님이 예수님이라는 사실이 깨달아졌다. '아니, 그러면 그분이 나를 위해서 십자가에 죽으신 거야?'라는 생각이 드는 순간 그는 울컥했다.

이 깨달음은 그 후 체험을 통해 더욱 견고해졌다. 1996년 10월, 영락교회 봉사관에서 11시 예배를 드릴 때였다. 영락교회 청년부 출신이었던 정인모 선교사가 방글라데시 선교보고를 하고 내려와서 왼쪽 단상 앞쪽에 등을 보이고 앉아 있었다. 그 순간 준곤에게 선교사의 뒷모습이 예수님으로 보였다. 눈에는 분명 선교사인데, 해석은 예수님으로 다가왔던 것이다.

그런데 준곤의 눈에는 예수님이 그토록 외롭게 보일 수가 없었다. 그때 예수님의 음성이 마음으로 들어왔다.

"동역할 자가 없다!"

이 말씀이 가슴으로 쑥 들어오는 것이 아닌가. 준곤은 그게 무슨 뜻인지도 몰랐다. 어찌된 일인지 그때부터 6개월 동안 눈물이 마를 날이 없었다. 차를 타도, 직장에 출근을 해도 주님의 모습과 말씀으로 인해 눈물이 흘러내렸다.

92

이 체험을 계기로 준곤은 5년간 제자훈련을 받으면서 하나님의 나라를 위해 충성을 다했다. 그러다 2001년, 신학에 대한 딜레마에 빠지게 된다. 준곤이 하나님의 부르심에 처음으로 반응하는 순간이었다. 하지만 그는 이내 "에이 나 같은 놈이 무슨 신학교야."라고 중얼거리며 대신 학보캠(학원복음화 협의회)에서 풀타임 간사로 사역했다.

준곤은 선교단체에서 사역해도 부르심에 응하는 것인 줄 알았다. 하지만 1년 사역하고 나서 그것이 아님을 깨달았다. 그는 2002년, 방통대 3학년에 편입함과 동시에 직장 생활을 2년 한 후에도 신학에 대한 소원이 없어지지 않으면 하나님께서 목회자로 부르신 줄 알겠다고 생각했다. 그로부터 2년이 흘렀다. 방통대를 졸업했지만, 신학에 대한 마음은 더욱 불타올랐다. 그래서 2004년에는 직장에 다니면서 장로회신학대학교 신학대학원을 준비했다.

그런데 2005년 시험에서 보기 좋게 떨어졌다. 준곤은 크게 낙심했다. 그는 "하나님 저 이제 장신대 시험 준비하는 것 그만 두겠습니다. 다른 신학교도 있는데, 굳이 재수하면서까지 장신대를 고집할 필요는 없지 않습니까?"라고 하소연하듯 기도했다. 그때 주님의 음성이 마음으로 들려왔다.

"너 여태 기도한 게 뭐냐? 1년 동안 그 학교 놓고 기도한 것 아니었느냐."

준곤은 하나님의 말씀을 듣는 순간 재수하기로 결심했다. 이번에는 아르바이트를 하지 않고 오직 공부만 했다. 하지만 세상은 준곤을 그냥 두지 않았다. 매형이 억대 부도를 낸 것이다. 그 영향은 준곤에게도 미쳤다. 그러다보니 2005년 9월에서야 겨우 공부를 시작할 수 있었다. 준곤에게 다시 부정적인 생각이 일어났다. '나 같은 놈이 주제에 무슨 신학을 한다고….' 갈등이 왔다. 준곤이 할 수 있는 일은 기도밖에 없었다.

"하나님 시간이 부족합니다. 공부를 하더라도 영어 점수는 더 이상 나오질 않습니다. 이 길이 맞는다면 어찌 하는 게 좋습니까?" 이렇게 기도하는데 역삼각형으로 된 저울이 보였다. 준곤이 하나님께 여쭈었다. "하나님, 이쪽에는 성경이 달려 있고, 저쪽에는 영어가 달려있습니다. 똑같이 해야 균형이 맞을 텐데 어떻게 합니까?"

그때 역삼각형이 성경 있는 쪽으로 기울어졌다. 준곤은 그것을 성경시험만 준비하라는 메시지로 받아들였다. 역삼각형은 시

94

험에 대한 준곤의 불안한 마음을 의미하고, 이것이 성경 쪽으로 기운 것은 하나님께서 준곤에게 해결책을 주신 것이었다. 준곤은 그때부터 밤을 새워가며 공부했다. 하지만 걱정이 떠나질 않았다. 3개월 동안 공부해서 합격할 자신이 없었기 때문이다.

준곤은 불안이 엄습해 올 때면 독서실 밑, 지하에 있는 교회로 가서 불안이 없어질 때까지 기도하곤 했다. 어느 날 준곤이 집중해서 공부하는데 불안이 또 밀려왔다. 그는 교회로 내려가서 간절히 기도했다. 그때 우편엽서가 환상으로 보였다. 뜯어보니 합격통지서가 아닌가. 준곤은 이것도 불안해하는 자신을 위해 하나님께서 주시는 징표라고 생각했다.

12월, 드디어 시험 날이었다. 준곤은 이미 한 달 전에 합격하는 환상을 보았기에 시험에 담담하게 임했다. 그런데 시험치고 나니 한숨만 나왔다. 시험이 너무 어려웠기 때문이다. 그는 떨어진 줄 알았다. 하지만 결과는 예상 밖이었다. 성경은 200점 만점에 187점이었고, 영어 TEPS는 990점 만점에 460점으로 합격했던 것이다.

그러나 합격의 기쁨도 잠시 준곤에게 또 다른 걱정거리가 생겼다. 그는 장신대 채플 실에 가서 기도했다. "하나님, 이게 뭡니까? 2년 동안 힘들게 공부해서 신학대학원에 들어왔는데 등록금

은커녕 계절학기 비용 8만 원도 없으니 말입니다." 이렇게 울면
서 기도하는데 환상이 보였다. '축'이라고 써져 있는 흰 봉투 안
에 현금과 수표가 두둑이 들어있는 장면이었다.

환상이 사라진 직후 준곤이 예전에 도움을 드렸던 개척교회
목사로부터 전화가 왔다. 그는 영락교회 장학 후원회에 신청서를
써 보라고 말했다. 하지만 신청기간이 이미 지난 데다 한 명만 장
학금을 받기에 현실적으로는 실현 가능성이 없는 일이었다. 그런
데 기적이 일어났다. 준곤이 3년 장학금과 기숙사비 전액을 받게
된 것이다.

준곤은 하나님의 부르심에 의해 탄생한 주의 종이다. 하나님
은 왜 준곤이 넘어지려고 할 때마다 신비한 방법으로 그를 회복
시켜주셨을까? 내 친구인 그가 말했다.

"하나님께서 나를 보살펴 주신 것은 나만 잘 되라는 것이 아니
라 내가 할 일이 있다는 거지. 그것은 예수님을 증언하는 일이라
고 생각해. 만약 내가 예수님을 사랑하지 않고, 그분이 부탁하신
복음을 전하지 않을 사람이었다면 나한테 체험과 은혜를 안 주셨
을 거야."

박준곤 목사는 2011년 4월에 안수 받았다. 그는 여름휴가를

기도원으로 가서 누가복음 12장 33- 34절의 "적은 무리여 무서워 말라, 너희 아버지께서 그 나라를 네게 주시기를 기뻐하시느라"는 말씀을 레마로 받았다. 이 말씀을 교회를 개척하라는 사명으로 알고 2011년 11월 개척한 이후 지금까지 목양과 복음 전하는 일에 총력을 기울이고 있다. 그는 개척할 때도 돈 걱정을 안했다. 오뚜기 인생을 살아오면서 체득한 게 있었기 때문이다. 그게 무엇일까?

"하나님의 일이면 하나님이 하신다."

야성을 치유하는 수의사

성경에는 실제 직업이 영적으로도 직업이 되는 경우가 종종 있다. 예수님은 목수였다.

"이 사람이 마리아의 아들 목수가 아니냐 야고보와 요셉과 유다와 시몬의 형제가 아니냐 그 누이들이 우리와 함께 여기 있지 아니하냐 하고 예수를 배척한지라" (막 6:3)

지금은 천국의 목수로서 우리가 살 거처를 건축하고 계신다.

베드로는 어부였다. 그런데 예수님의 제자로 발탁되어 영혼을 구원하는 어부가 되었다.

"갈릴리 해변에 다니시다가 두 형제 곧 베드로라 하는 시몬과 그의 형제 안드레가 바다에 그물 던지는 것을 보시니 그들은 어부라 말씀하시되 나를 따라오라 내가 너희를 사람을 낚는 어부가 되게 하리라 하시니 그들이 곧 그물을 버려두고 예수를 따르니라" (마 4:18-20)

김신웅 씨는 수의사였다. 그는 모세와 같은 과정을 거쳤다. 야
망을 품었다가 처절하게 부서진 후 다시 하나님의 사람으로 쓰임
받은 것이다. 이스라엘인으로서 이집트 공주의 양자로 입양된 모
세는 이집트의 모든 학문에 통달했다. 자신감과 의협심이 넘쳐났
던 그는 40세에 이집트로부터 이스라엘 민족을 구원하려고 분연
히 일어섰다가 실패하여 80세까지 양치기로 숨어 지내야 했다.

1968년 청년 김신웅도 돈에 대한 야망이 있었다. 그는 수의사
면허증을 딴 후 바로 개업하지 않고 25세에 철도청에 물건을 납
품하는 사업을 했다. 사업 자금은 아들을 믿은 부친이 거의 전 재
산을 털어 마련해준 것이었다. 하지만 3년 만에 부도가 나버렸
다. 크게 낙심한 신웅이 방황하고 있을 때 청송군청 축산계에서
근무하고 있던 친구가 제안을 했다. 가축병원이 하나도 없는 청
송군 진보면에서 개업해보라는 것이었다.

신웅은 29세에 진보에서 가축병원을 개업했다. 그리고 10년여
간 병원 일만 했다. 그의 나이 41세, 이제 교회에서 집사직도 받
고 가정도 안정적이었다. 그러던 어느 날 그에게 솔깃한 제안이
들어왔다. 큰 배가 8척 있는 65억짜리 해운회사가 부도났는데 수
천 만 원만 투자하면 회사를 인수하여 한 달에 8억씩 수입을 올
릴 수 있다는 것이었다. 그 이야기를 듣자 없어진 줄만 알았던 야
망이 다시 꿈틀거리기 시작했다.

　　결국 그는 1982년에 보증을 받고 해운업 관련 사업에 뛰어들었다. 그런데 문제가 생겼다. 뒤늦게 사기 당한 것을 안 것이다. 그 회사가 65억 짜리인 것은 맞지만 5억만 자산일 뿐 60억이 빚이었다. 한 달 수입이 8억인 것만 생각했지 지출이 12억이나 된다는 사실은 몰랐던 것이다. 김신웅 집사는 순식간에 8천만 원의 빚을 떠안게 되었다.

　　산 넘어 산이었다. 8천만 원을 두 달 안에 갚지 않으면 교도소에 들어가게 된다는 사실을 알고 돈을 구하기 위해 사방팔방으로 분주하게 다녔다. 하지만 결과는 제로였다. 낙담한 김 집사는 우연히 여의도 순복음교회 교인을 만나면서 하나님을 의지하지 않고 인간적으로 해결하려고 했다는 것을 깨닫고 오산리 금식 기도원으로 들어갔다.

　　기도원에서 3일 금식기도를 했지만 아무런 느낌과 응답을 받지 못했다. 착잡한 심정에 마지막으로 기도한 후 내려가려고 기도처를 찾다가 우연히 김상호 목사의 방으로 들어가게 되었다. 김상호 목사는 기도원 책임자로서 순복음교회에서도 유명한 목회자였다. 그는 김신웅 집사를 따뜻하게 맞아주면서 그를 위해 기도해주었다. 그런데 기도 후 목사가 김 집사에게 특별한 말을 하는 것이 아닌가?

-빨리 집사님이 살고 있는 곳으로 돌아가십시오. 그곳에서 해야 할 일이 있습니다.

"목사님, 저에게 8,000만 원이나 되는 빚이 있는데 그것은 어떻게 하고요?" 아직 응답을 받지 못한 김 집사는 난감한 듯 말했다.

-그 문제는 하나님께서 해결해주실 겁니다. 그러니 어서 돌아가세요.

다음 날, 청송으로 내려간 김신웅 집사는 그때부터 두 달 동안 매일 철야기도하면서 주님의 은혜를 구했다. 하나님은 대부분 임박해서야 문제를 해결해주신다. 김 집사도 마지막 날 저녁에 응답을 받았다. 제매가 느닷없이 계약서 이름을 자기 이름으로 해달라고 해서 너무나 쉽게 문제가 해결된 것이다. 김 집사는 '이제 살았다!'며 감격했다.

김 집사는 두 달간 철야기도 할 때 하나님께서 이 문제를 해결해주시면 무슨 일이든 하겠다고 서원한바 있다. 그는 문제를 해결 받은 후 감사해서 3일 금식기도로 하나님께 영광을 돌렸다. 그런데 3일째 되는 날 아는 교도관이 김 집사를 찾아와서 만나기를 청했다. 그 교도관은 교회 중고등부 교사였고, 김신웅(42세) 집사는 중고등부 부장이었다. 교도관은 뜬금없이 마태복음 21장에 나오는 양과 염소 비유 이야기를 했다.

"집사님, 흔히 목사님들은 믿기만 하면 천국에 간다고 말씀하시지만 저는 사랑이 있어야 천국 간다고 생각합니다. 만약 집사님이 오늘 밤에 죽어 천국에 가신다고 가정할 때 예수님께서 '네가 한평생 무엇 하다가 왔느냐?'라고 말씀하시면 주리고, 목마르고, 나그네 되고, 헐벗고, 병들고, 옥에 갇힌 사람들을 위해서 헌신했다고 얼마나 자신 있게 말씀드릴 수 있습니까?"

믿음과 사랑은 연결되어 있어야 한다는 의미였다. 김 집사는 그 말을 듣고 충격을 받았다. 그래서 "내가 뭘 하면 좋겠습니까?"라고 물었다. 교도관은 감호소에 검정고시생 45명이 있는데 1인당 2,500원이 없어서 공부를 못 시키고 있다면서 김신웅 집사가 그 돈을 책임질 것을 제안했다. 김 집사는 무조건 하겠다고 했다.

그런데 그것은 김신웅 집사만의 생각이었다. 집에 가서 아내에게 말하니 절대 안 된다고 했다. 지금까지 고생한 것도 모자라 빚내서 남 좋은 일 시켜 주냐는 것이었다. 바로 그때 돌발 상황이 발생했다. 옆에서 두 사람의 말을 듣고 있던 둘째 딸(유치원생)이 엄마에게 말했다.

"엄마, 교회 선생님이 그러시는데 예수님께서 이 세상에 오신 것은 의인을 위해서가 아니라 악인을 위해서 오셨다고 말씀하셨

102

어요. 엄마도 아빠 하시는 일 도와주세요."

아내는 딸이 하는 말을 듣고 충격을 받았다. 그녀는 성령께서 아이의 입술을 통해 자신에게 경고 하신 줄 알고 순종하기로 결심했다. 그때부터 교도소 교정선교를 시작한 것이 올해 32년째라고 한다. 45명이 검정고시를 치러 가는데 드는 비용은 총 20만 원이었다. 1985년도에 20만 원은 제법 큰돈이었다. 이제 내일이면 재소자들이 시험 치러 가는데 돈이 떨어지고 없었다. 김 집사는 아내 손을 붙잡고 기도했다.

"하나님 아버지 내일 20만 원이 필요한데 오늘 20만 원 주시면 이 사역을 하고 안 주시면 더 이상 못하겠습니다."

말이 기도였지 하나님을 상대로 반 협박한 것이나 다름없었다. 그도 그럴 것이 3- 4년 교정선교사역을 해보니 너무 힘들었기 때문이다. 출소자들이 밤낮 없이 집으로 찾아와서 공갈 협박을 하고 물건도 부수니 지쳤던 것이다. 그런데 기도 후 아내가 자전거를 타고 시장에 가기 위해 로터리를 지나는데 도로에 만 원짜리 수십 장이 흩어져 있는 것이 아닌가. 주워서 세어보니 20장이었다. 20만 원을 파출소에 갔다 줬더니 "이런 돈이 제일 골치 아픕니다"라고 하면서 경찰은 주인이 나타나면 연락할 테니 돈을 다시 가져가라고 했다. 하지만 아무 연락이 없어서 김 집사는 그 돈을 재소자들 검정고시 비용으로 사용했다.

또 한 번은 1995년에 교도 과장이 분류(형기) 시스템을 새로 해야 한다면서 김신웅 장로(1993년 임직)에게 200만 원이 필요하다고 했다. 김 장로는 돈이 없지만 일단 무조건 된다고 했다. 집에 가서 아내에게 말하니 짜증을 냈다. 푼돈도 없는 마당에 그렇게 큰 목돈을 어떻게 마련하느냐는 것이었다. 사실 맞는 말이었다. 김 장로는 오직 기도할 뿐이었다.

다음 날 새벽에 기도하는데 환상 중에 국민일보가 보였다. 당시 국민일보가 막 창간했을 때였다. 그 국민일보와 바르게살기 운동협회에서 상금 수백 만 원을 걸고 〈국민대상 수상작〉 세 사람을 뽑는다는 환상이었다. 김 장로는 고개를 저으면서 "하나님, 이건 아닙니다. 제가 교정선교 사역한 지 얼마 되지도 않았는데 어떻게 여기에 도전합니까. 이것 말고 다른 것을 보여주십시오."라고 기도했다. 하지만 또 국민일보 광고판 환상이 보였다.

하는 수 없이 기도를 마치고 집으로 향하고 있는데 국민일보 지국장이 오토바이를 타고 가다가 김 장로를 발견하고는 웃으면서 다가오는 것이었다. 김 장로는 혹시나 하는 마음으로 국민일보

104

에서 국민대상 수상작을 뽑는 지를 물었고 지국장으로부터 그 사
실을 확인하고는 깜짝 놀랐다. 김 장로는 곧 응모했고 국민일보
측의 깐깐한 심사를 통과하여 영예의 대상과 상금 350만 원을 받
을 수 있었다. 그는 200만 원을 분류 시스템비로 교도소에 전달
했다.

김신웅 장로는 이 외에도 많은 기적을 체험했다. 그에게 있어
교정선교는 끊임없는 투쟁이었다. 재소자들이 사탄의 영향력 아
래 있기 때문이다. 특히 청송 감호소는 전국에서 제일 문제 있는
재소자들이 오는 곳이다. 그러기에 영적전투의 최전선이라고 할
수 있다. 김태춘, 조양은, 신창원 같이 웬만한 거물급들은 다 김
장로의 손을 거쳐 갔다. 돈도 많이 들고 보통 사람은 견디기 힘들
정도로 어려운 교정선교사역을 김 장로가 32년간 할 수 있었던
비결은 무엇일까? 그는 사명과 무릎이라고 했다.

"인자가 자기영광으로 모든 천사와 함께 올 때에 자기영광의 보좌에 앉으리니
모든 민족을 그 앞에 모으고 각각 구분하기를 목자가 양과 염소를 구분하는
것 같이 하여 양은 그 오른편에 염소는 왼편에 두리라 그 때에 임금이 그 오른
편에 있는 자들에게 이르시되 내 아버지께 복 받을 자들이여 나아와 창세로부
터 너희를 위하여 예비 된 나라를 상속 받으라 내가 주릴 때에 너희가 먹을 것

105

을 주었고 목마를 때에 마시게 하였고 나그네 되었을 때에 영접하였고 헐벗었을 때에 옷을 입혔고 병들었을 때에 돌보았고 옥에 갇혔을 때에 와서 보았느니라 이에 의인들이 대답하여 이르되 주여 우리가 어느 w에 주께서…옥에 갇히신 것을 보고 가서 뵈었나이까 하리니 임금이 대답하여 이르시되 내가 진실로 너희에게 이르노니 너희가 여기 내 형제 중에 지극히 작은 자 하나에게 한 것이 곧 내게 한 것이니라"(마 25:31-40)

김 장로는 하나님께서 이 말씀, 특히 옥에 갇힌 사람들을 돌보는 일을 평생의 사명으로 주셨다고 생각한다. 그런데 이 일은 무릎이 아니면 할 수 없다는 것이다. 그는 매일 새벽 1시간 30분에서 2시간 정도 기도한다. 기도하면 하나님께서 순간순간 말씀을 주신다고 한다. 어느 날 하나님께서 "9번 창구 면회를 하라"고 하셔서 급히 가보니 재소자가 자살을 시도하려는 순간이었다. 이처럼 김 장로의 삶은 하루하루가 기적이다.

교도소 교정선교는 매우 어려운 일이지만 반면 김 장로는 복도 많이 받았다고 한다. 첫째, 건강의 복을 받았다. 김 장로는 38년간 이어진 천식으로 인해 죽을 고비를 여러 번 넘겼다. 그런데 교정선교사역을 하고 나서부터 언제인지도 모르게 고침 받았다. 또한 안경을 끼지 않으면 운전할 수 없을 정도로 눈이 나빴다. 그런데 어느 비오는 날 사위집에 안경을 두고 나온 사실을 알고 차를 세워 놓고 하나님께 기도했다.

"하나님, 교정선교사역을 계속하려면 눈이 밝아야 합니다. 눈을 밝게 해주십시오." 그때부터 아주 작은 글씨까지 잘 보일 정도로 시력이 좋아졌다고 한다.

둘째, 딸들이 잘 되는 복을 받았다. 대학에서 영문학과를 전공한 장녀는 신앙 좋은 의사와 결혼해서 행복하게 살고 있고, 음대를 졸업한 차녀는 상지원(음악교육전문기관)에서 교수로 재직 중이다. 그녀의 남편은 꿈꾸는 예술대안학교(합천군 봉사면 위치) 교장이자 계명대학교 음대외래교수로 있다.

셋째, 재소자들이 출소해서 잘 되는 복을 받았다. 사실 김 장로에게 이것보다 큰 기쁨은 없다. 김 장로의 손을 거쳐 간 재소자들이 출소하면 대부분 그를 찾아와서 감사하며 앞으로는 착하게 살겠다고 한다는 것이다. 그 중 목사가 된 사람도 몇 있다. 김 장로는 지금까지 약 200개 교회에 강사로 초청받아서 재소자들에게서 일어난 변화를 간증했다.

현재(2013년) 김신웅(73세) 장로는 두 가지 업에 종사하고 있
다. 본업은 경북 북부 제3교도소 교정위원이고, 부업은 수의사
다. 교정선교사역을 하는 그에게는 특별한 철학이 있다. 순종과
기다림과 참는 것이다. 하나님께서 가라고 하시면 가고, 재소자
들이 변화될 때까지 기다리며, 그들이 어떤 말과 행동을 하든 참
으면 좋은 결과가 나타난다고 했다.

이집트인들을 피해 광야에서 80세까지 양치기로 살았던 모세
는 어떻게 되었을까? 젊었을 때의 야망이 산산조각 난 후 하나님
은 그를 이집트에서 노예로 고통 받고 있던 이스라엘 민족 200만
명을 탈출시키는 위대한 지도자로 사용하셨다. 김신웅 장로도 한
때는 돈에 대한 야망을 두었지만 그의 야망이 깨진 후 지금은 가
축을 치료하는 수의사로서 재소자들의 야성(마음)을 치유하는 영
적의사로도 쓰임 받고 있다.

3장

가을에는 기쁨을 수확하게 하소서
— 반전

늑대인간의 절규　칠전팔기의 곡예사　선지자의 비애　아버지의 마음
가장 사랑하는 신부　실수의 은혜　전도하는 이방인

늑대인간의 절규

그는 분명 늑대인간이었다.

지금으로부터 22년 전, 그러니까 1990년에 울산에 있는 어느 가난한 집 옥상에서 24세 된 청년이 밤하늘을 향해 소리 없이 울부짖고 있었다. 그런데 그의 행태가 조금 이상했다. 추운 겨울인데도 바지를 무릎 위까지 걷어 올린 후 차디찬 콘크리트 바닥에 무릎을 꿇고 무언가를 중얼거리고 있었기 때문이다. 그것은 30분 동안 계속되었고, 이런 그의 괴이한 행동은 1년 동안 이어졌다.

그로부터 16년이 흘러 2006년이 되었다. 울산 정자 바닷가 마을에 사는 60대 노인 한 분이 정자교회에 등록했다. 그의 이름은 이광형이었다. 그런데 모습이 특이했다. 187cm의 키에 90kg으로 거구였지만 어깨가 축 처져 있었다. 머리는 가운데만 대머리로 양쪽 귀 바로 위에 있는 백발이 마징가 Z의 뿔처럼 솟아있었다. 흰 수염이 길게 났으며 아랫니 다섯 개가 빠져 있었다. 누가 봐도 그는 삶의 의욕을 상실한 사람처럼 보였다.

당시 나는 정자교회에서 전도사로 사역하고 있었다. 화요일에 담임 목사님이 내게 이광형 할아버지 댁에 등록 심방을 다녀오라고 말씀하셨다. 나는 아내와 함께 그의 집으로 갔다. 그는 우리를 반갑게 맞아주었다. 그런데 교적부를 작성하면서 우리 부부는 까무러칠 뻔했다. 그의 실제 나이는 40살이었고, 22년 전 옥상에서 부르짖었던 바로 그 청년이었기 때문이다. 대체 어떻게 된 일일까? 그는 우리에게 자신의 기구한 인생 이야기를 털어 놓았다.

이광형 씨는 울산에서 4남 중 3남으로 태어났다. 부친은 하사관 출신 예비군 중대장이었다. 그의 나이 5세 때 아버지가 대형 교통사고를 당하면서부터 단란했던 가정이 풍비박산이 났다. 부친이 오토바이를 타고 가다가 트레일러와 부딪치면서 한쪽 다리뼈가 으스러져버린 것이다. 그 사고로 부친은 병원에서 2년 동안 전신 기브스를 하고 있어야 했다.

자연히 가정은 엉망진창이 돼버렸다. 그때부터 이광형 씨 가족은 매일 가난과 사투를 벌이면서 살았다. 병원에서 퇴원한 부친은 사고가 난 다리에 철심을 박은 채로 목발 없이 생활하면서 가족을 부양하기 위해 애를 썼다. 하지만 장애 때문에 제대로 된 일을 할 수가 없었다. 그러다 보니 수입이 적었다. 문제는 형제들에게서 터져 나왔다. 예민한 사춘기 시절을 가난에 찌들어 살다 보니 형제들이 삐뚤어지기 시작한 것이다.

이광형 씨의 부친과 모친은 빗나가는 자식들 때문에 몹시 가슴아파했다. 이광형 씨도 사랑하는 형들과 동생을 위해 아무 것도 할 수 없다는 사실이 괴로웠다. 그가 옥상에서 어두운 밤에 빛나는 십자가를 바라보며 소리 없이 부르짖은 것은 벼랑 끝에서 취한 최후의 수단이었다. 그는 24세까지 한 번도 전도를 받아 본 적이 없었기에 하나님을 알지 못했다. 그런데 TV에서 배우들이 성부, 성자, 성령이라고 말하는 것을 보고 막연하게나마 하나님의 이름을 부르면서 형제들을 구원해주시기를 기도했다.

하나님께서 그의 기도에 응답하신 걸까? 어느 날 버스에서 울산 시민교회 교인이 자신에게 전해준 전도지를 보고 스스로 시민교회를 찾아가 청년회에 등록한 것이다. 그때 그는 태어나서 처음으로 청년들과 교제하는 기쁨을 맛보았다. 그동안 세상과 담을 쌓고 살아온 그에게 세상에서는 볼 수 없는 사랑으로 큰 위로가 되었다고 한다. 그는 교회 나가자마자 철저하게 십일조를 했다. 새벽기도와 철야기도도 빠지지 않고 출석했다.

그렇게 5년 동안 신앙생활을 잘 해가던 어느 날 그가 10년간 교회를 쉬게 되는 사건이 발생했다. 사랑하는 어머니가 뇌출혈로 돌아가신 것이다. 게다가 집 안팎으로 환난이 극에 달하는 시점이었다. 그는 신앙생활을 열심히 했지만 자기 속에 말씀이 없었기에 환난이 지속되자 낙심하여 넘어진 것이라고 했다.

그 후 2003년에 그는 문중 제실이 있는 달곡 마을로 이사했다. 그가 거처할 곳이 없음을 안 친척들이 문중 제실 옆에 있는 작은 방에서 살 수 있도록 허락한 것이다. 나와 아내가 방문한 곳이 그 작은 방이었다. 그는 그곳에서 3년 정도 혼자 살면서 과거 마음의 상처로 인한 우울증을 심하게 앓고 있었다. 그가 2006년 정자 교회에 스스로 찾아와 등록한 것도 교회에 나가야 살 것 같은 생각이 들었기 때문이라고 했다.

그의 지나온 삶을 들은 나는 그가 매우 순수한 사람임을 느꼈다. 그래서 예배를 드린 후 그에게 한 가지 제안을 했다.

"이 선생님, 제가 볼 때 이 선생님에게는 순수한 신앙과 잠재 능력이 있는 것 같습니다. 이 선생님이 새로운 삶을 살 수 있도록 돕고 싶은데 혹시 제가 제안하는 대로 해 볼 생각이 있습니까?"

– 예, 해 보겠습니다.

"우선 겸손히 하나님을 예배하는 삶을 사는 것이 좋습니다."

– 예, 알겠습니다.

"다음으로 3가지 목표를 세웁시다. 직장을 구하고, 검정고시에 합격하고(이광형씨는 가난해서 고등학교 1학년 2학기 때 중퇴했다), 제가 권해 드리는 세계적인 책을 읽는 겁니다."

114

- 예, 한 번 해보겠습니다.

심방을 마친 우리 부부는 교회로 돌아왔다. 그런데 이광형 씨에게는 그날 예배 때 선포한 말씀과 함께 나눴던 내용들이 충격으로 다가왔었다. 넉 달 후 그는 내게 놀라운 사실을 말했다.

"전도사님이 심방오신 다음 날부터 새벽 4시만 되면 이상하게 제 눈이 저절로 떠졌습니다. 그리고 넉 달 동안 매일같이 4-5시까지 성경을 읽고, 5-6시까지 기도했습니다."

- 그래요? 혹시 하나님께서 주신 기도 응답이라도 있습니까?

"예, 우선 마음이 평안했습니다."

- 이 선생님, 마음이 평안한 것이 가장 큰 기도응답입니다.

"그리고 또 있습니다. 저는 두 달 전부터 하나님께 이렇게 기도해왔습니다. 〈하나님, 저는 오후에 검정고시 공부를 해야 됩니다. 그러므로 오전 7시부터 오후 3시까지만 일할 수 있는 직장을 주십시오. 그리고 믿는 사장이어야 제가 주일예배와 수요예배에 참석할 수 있습니다. 월급은 더도 덜도 말고 80만 원이면 만족하겠습니다.〉 그런데 하나님께서 오늘 제게 응답을 주셨습니다."

- 어떻게 된 겁니까?

"예, 우리 교회 박 장로님이 오늘 저에게 전화를 주셨습니다. 〈광형 씨! 혹시 우리 방앗간에서 일할 생각 없습니까? 그런데 근

115

무시간이 오전 7시부터 오후 3시까지만 가능합니다. 그리고 미안합니다만 월급은 80만 원밖에 안 됩니다. 어떻습니까?〉 저는 좋다고 했습니다. 그래서 내일부터 일하게 됐습니다.”

나는 이광형 씨로부터 이 소식을 전해 듣고 놀라워서 입이 다물어지지 않았다. 분명 이광형 씨는 자신의 기도제목을 아무에게도 말하지 않았다. 그런데도 그가 기도한 대로 됐기 때문이다. 박 장로가 운영하는 방앗간은 울산 전 지역에서 주문이 들어올 정도로 유명했다. 그는 첫 달에는 계약한 대로 80만 원을 받았다. 하지만 다음 달에는 100만 원을 받았다. 세 번째 달부터는 사직할 때까지 1년 6개월간 135만 원을 받고 일했다.

기적은 또 일어났다. 이광형 씨는 방앗간에서 일하면서 시험을 치기 위해 검정고시 책을 샀다. 하지만 시험 당일 날까지 시험 공부를 전혀 하지 못했다. 하루 15분씩 3일밖에 못했으니 공부를 안 한 것이나 다름없었다. 그는 단지 경험상 시험을 쳐보기로 했다. 시험 치는 날이 주일이었기에 그는 새벽기도를 드리고 시험장으로 갔다. 그가 문제지를 펼쳤을 때 놀라운 일이 벌어졌다. 이광형 씨는 그때 있었던 일을 내게 이렇게 말했다.

“그날은 이상하게 컨디션이 굉장히 좋았습니다. 시험 문제를 보니 왜 그렇게 문제가 쉽게 느껴지던지 평소에 공부해 온 것처럼 느껴졌습니다. 문제가 그냥 이해가 되어 빨리 적고 나왔습니다.”

한 달 후 결과가 나왔다. 합격이었다. 이광형 씨는 점수에서 하나님의 오묘한 섭리를 발견했다. 과학 64, 국사 60, 국어 76, 사회 76, 수학 30, 영어 44, 도덕 84점을 평균내보니 62점이었다. 검정고시는 평균점수가 60점을 넘으면 합격처리 된다. 그는 이 점수를 보고 전율했다. 마치 하나님이 자신에게 이렇게 말씀하시는 것 같았다고 했다.

“이 합격은 너의 실력이 아니라 내 은혜다.”

그는 한 문제 차이로 합격했다. 한 문제당 3점이니 한 문제만 틀렸어도 59점으로 떨어졌을 것이다. 그는 평균 점수가 63점 이상만 나왔어도 하나님의 은혜를 인정하지 않았을 것이라고 했다. 62점 그것은 하나님의 특별한 은혜였다. 그는 직장을 구하는 기도응답과 검정고시 합격에 대한 체험으로 과거 잃어버린 10년의 신앙을 단숨에 회복했다. 기도응답은 하나님이 자신과 함께 하고 계심을 확신하는 계기였다고 했다.

22년 전에는 늑대인간처럼 부르짖고, 6년 전만 해도 20년이나 늙게 보이던 그가 어떻게 순식간에 변화될 수 있었을까? 그의 마지막 신앙고백을 들어보자!

"내 삶에 그런 폭풍 같은 날들이 없었다면 하나님 앞에 두 손 들고 나올 수는 없었을 겁니다. 고통은 이런 나를 아시는 하나님의 처방인 것 같습니다. 오직 은혜입니다."

그로부터 또 7년이 지난 지금(2013년), 그는 다윗처럼 하나님의 마음에 합한 사람이 되고자 이름을 〈이다윗〉으로 개명하고 은혜로운 삶을 누리고 있다.

칠전팔기의 곡예사

　인간은 공포와 직면하면 어떤 태도를 취할까? 두 가지 중 하나를 선택한다. 공포로부터 도망하거나 자포자기하는 것이다. 이것은 공포를 극복하는 효과적인 방법이 아니다. 공포를 주는 환경과 트라우마trauma, 정신적 충격를 극복하는 최고의 비결은 그 사건에서 깨달음을 얻는 것이다.

　한통의 편지를 받고 나는 경악했다. TV 드라마에서나 나올법한 내용이었기 때문이다. 마음이 아팠다. 어린 나이에 충격적인 환경과 맞닥뜨렸으니 심히 두렵고 외로웠을 것이다. 한편으로는 어떻게 그런 환경에서 이런 믿음과 인격이 나올 수 있었는지 이해할 수 없었다. 하나님은 왜 그렇게 엄청난 경험을 하도록 그녀를 내버려두셨을까?

　이 수필의 제목만 보면 여러 번 실패 끝에 성공한 곡예사에 대한 이야기쯤으로 비칠 것이다. 결론부터 말하면 아니다. 나는 이 사실을 어느 비오는 새벽을 계기로 알게 되었다. 그날 새벽기도를 마치고 교회 문을 나서는데 김인혜(가명) 집사가 눈에 들어왔다. 김 집사도 새벽기도를 마치고 집에 가려던 참이었다. 김 집사가 우산을 펼칠 때였다. 순간 그녀가 안쓰럽게 느껴졌다. 비가 오는데다 집까지 20분을 걸어가야 하기 때문이다. 나는 그녀를 불렀다.

"집사님, 제가 댁까지 모셔다 드릴 테니 차에 타세요." 김 집사는 황송하다며 계속 거절했다. 하지만 내가 강권하자 감사해 하면서 차에 탔다. 그 후로 나는 새벽기도 마치면 자주 김 집사를 태워드렸다. 작은 친절 때문에 마음 문을 연 것일까? 어느 날 그녀가 나에게 편지를 보내왔다.

"목사님, 저는 어렸을 때 서커스단에 납치되어 갖은 학대를 받으며 살았습니다. 그러다 보니 초등학교도 제대로 나오지 못한 것이 한으로 남아 있습니다. 지금이라도 공부를 하고 싶은데 어떻게 해야 할지를 모르겠습니다. 제가 공부할 수 있도록 도와주십시오."

망치로 한 대 맞은 느낌이었다. 그분이 이런 일을 겪었을 줄은 상상도 못했다. 며칠 후 나는 김 집사를 우리 집에 초대했다. 우리는 함께 차를 마시며 담소를 나누었다. 분위기가 무르익자 그

120

녀는 떠올리기 싫은 기억을 더듬어가며 자신의 과거를 우리 부부에게 털어놓았다.

"제 고향은 충북 진천(가명)입니다. 우리 집은 진천에서도 산골짜기에 있는 초가집이었습니다. 원래는 엄마 친정집이 제법 잘 살았는데 6.25 전쟁 때 피난 오면서 가계가 급속히 기울어졌다고 들었습니다. 설상가상으로 제가 3살 때 아버지까지 돌아가시는 바람에 오빠는 머슴으로, 언니들은 식모로 팔려갔습니다. 그때부터 엄마와 저의 고통은 시작되었습니다. 저는 매일 이른 아침이면 엄마 손에 이끌려 밥 동냥하러 다녔습니다. 그러면 제가 불쌍하다고 양딸로 달라는 사람도 있었습니다. 한 번은 너무 배고파 제가 원해서 어느 집에 수양딸로 갔다가 엄마가 보고 싶어서 며칠 만에 돌아오기도 했습니다."

그 시절 어린 인혜에게는 배고픈 것이 최고의 고통이었다. 단 한 번이라도 배부르게 먹어보는 것이 소원이었을 정도였다. 이 소원은 그녀가 9살 때 이루어졌다. 엄마와 동네 아주머니와 함께 면사무소에 배급 타러 갔다가 허탕을 치고 돌아오는 길이었다. 엄마는 친구와 함께 앞서가고 인혜는 뒤처져서 걸어가고 있었다. 그때 생전 처음 보는 지프차가 지나갔다. 신기해서 한참 바라보고 있는데 그 차에서 14살쯤 되어 보이는 남자 아이들 2명이 내리더니 인혜를 확 들어서 차에 태우는 것이 아닌가? 순식간에 벌어진 일에 두려움을 느낀 인혜는 목이 터지라고 엄마를 불렀지만 가는귀가 먹은 엄마는 이 사실을 알 턱이 없었다.

그렇게 끌려가며 우는 인혜에게 차에 타고 있던 아주머니가 과자를 주면서 엄마에게 데려다 줄 테니 걱정하지 말라고 그녀를 달랬다. 그리고 한 번도 가보지 못한 대중목욕탕으로 인혜를 데려갔다. 그때까지 목욕다운 목욕을 해본 적이 없어서 많이 더러웠기 때문이다. 여기서 끝나지 않았다. 아주머니는 예쁜 새 옷 한 벌과 따뜻한 털신도 사 주었다. 그러고 나서 자신이 거처하는 곳으로 인혜를 데려갔다. 거기에는 많은 언니들이 있었는데 그들은 인혜를 보자 대환영을 해주었다. 그곳에서 인혜는 맛있는 밥과 과자를 실컷 먹으면서 마치 공주가 된 기분이었다. 그러면서 자신도 모르게 엄마 생각을 잊어버렸다.

한편, 엄마는 3일 밤낮을 딸을 찾으러 다녀도 못 찾자 파출소에 신고했다. 경찰은 근처에서 천막을 치고 활동하던 곡예단을 의심하고 그곳을 수색했다. 인혜를 발견한 경찰은 엄마에게 이 소식을 전했다. 엄마는 한걸음에 달려와서 딸을 끌어안고 대성통곡을 했다. 하지만 인혜는 엄마가 전혀 반갑지 않았다. 천국 같은

122

그곳 생활이 너무 좋았기 때문이다. 그러다보니 두 사람 사이에 실랑이가 벌어졌다. 인혜는 집에 가기 싫다고 했고, 엄마는 그러면 약을 먹고 죽어버리겠다고 했다. 결국 엄마가 걱정된 인혜는 집으로 돌아왔다.

그런데 문제는 여기서 끝나지 않았다. 인혜가 3일을 단식하며 엄마에게 침묵으로 저항한 것이다. 엄마가 약한 모습을 보이자 인혜는 주인아주머니가 자신에게 약속한 이야기를 들려주었다. 그곳에 함께 살면 학교도 보내주고, 돈도 많이 주며, 엄마가 보고 싶을 땐 언제든지 집에 보내주기로 했다는 것이다. 그러자 엄마도 동요하기 시작했다. 자기 딸을 호의호식하며 살게 해 주겠다는데 어느 엄마가 싫어하겠는가.

그날 밤새 몸을 뒤척인 엄마는 다음 날 아침 인혜 손을 잡고 파출소로 갔다. 그리고 인혜를 잘 양육하고 공부시켜주겠다고 말한 것에 대해 경찰이 보증을 서 주면 그 여자에게 딸을 맡기겠다고 했다. 이웃 주민들은 이 결정을 모두 반대했지만 엄마는 경찰과 함께 가서 인혜를 그 여자에게 맡기고 집으로 돌아갔다. 인혜는 그곳에서 행복한 시간을 보냈다. 그러나 그 행복은 단 며칠뿐이었다. 제 발로 호랑이 굴에 들어간 격이었다.

인혜가 들어간 곳은 '화성 곡예단'이었다. 단원들 30- 40명이 천막에서 함께 생활했다. 곡예단은 특성상 15-20일마다 전국으로 자리를 옮겨가며 공연했다. 인혜가 들어간 지 일주일 만에 곡예단은 엄마 집에서 약 1시간 떨어진 곳으로 자리를 옮겼다. 그때부터 곡예단장은 마각을 드러내기 시작했다. 인혜를 데려간 여자가 곡예단의 단장이었던 것이다.

단장은 새벽 4시면 어김없이 인혜를 깨웠다. 그리고 강훈련을 시켰다. 인혜를 데려온 이유는 뼈가 연한 어린 아이들이 기계체조 같은 기술을 배우는데 적합했기 때문이다. 훈련을 시킬 때는 거의 매일 회초리로 때렸다. 연습하기 싫다고 하면 "너는 호적이 아예 없기 때문에 우리가 너를 죽여도 법에 걸릴 게 없다."고 협박했다. 당시는 아이들이 많이 죽는 시절이었기 때문에 부모가 아이 호적을 늦게 올리거나 올리지 않은 경우가 많았다. 엄마도 인혜를 호적에 올리지 않았던 것이다.

고충은 끝도 없었다. 안전장치도 없이 높은 곳에서 묘기를 펼치다가 돌멩이 위에 떨어져 뼈가 부서지기도 했다. 그래도 병원은 사치였다. 비인격적인 대우도 고통이었다. 낮이고 밤이고 공연을 하고 내려오면 다짜고짜 뺨부터 때렸다. 손님들 앞에서 웃지 않았다는 것이다. 공연 중 실수라도 하면 이번에는 연습하지 않았다고 때렸다. 가장 큰 고통은 살찌면 안 된다고 하루 두 끼만 주는 것이었다. 명목상 월급도 있었지만 저축해준다는 명분으로 가로채갔다. 세안은 멀리 있는 우물에 가서 얼음물에 했다. 추운 겨울에도 내복 하나로 난장이 언니와 번갈아 가면서 입었다. 그러다보니 여름이든 겨울이든 계속 폐렴을 달고 살았다. 학교는 꿈도 못 꾸었다. 어린 인혜에게는 지옥이 따로 없었다.

이런 생활을 하는 인혜에게 소원이 하나 생겼다. 그것은 '어떻게 하면 이곳에서 벗어날 수 있을까?'하는 것이었다. 인혜는 8년 곡예단 생활 중 난장이 언니와 네 번 탈출을 시도했다. 하지만 그때마다 어떻게 알았는지 찾아와서 붙잡아갔다. 그리고 죽지 않을 만큼 두들겨 팼다. 누구에게든지 인생에 세 번의 기회가 온다고 했던가. 네 번의 실패 끝에 모든 희망의 끈을 놓아버린 17살 인혜에게 기적 같은 일이 일어났다. 곡예단이 부도가 난 것이다. 주인은 곡예단을 채권자에게 통째로 넘기고 난장이와 인혜만 데리고 서울 신촌으로 갔다.

인혜는 곡예단 일을 하지 않는 것만으로도 천국 생활을 하는 것 같았다. 하지만 주인은 서울에서도 난장이 언니와 인혜를 가만히 놀리지 않았다. 처음 얼마간은 팥죽을 만들어서 세 사람이 팔러 다녔다. 그 후 자신은 다방 마담으로 나가서 일하고 난장이 언니와 인혜에게는 여러 다방을 돌아다니며 껌을 팔게 했다. 주인은 이 수익금도 모두 가로채갔다. 난장이 언니와 인혜는 밤에도 쉴 수가 없었다. 주인이 자신의 머리에 있는 비듬을 뜯게 하고, 안마를 시키기도 했기 때문이다. 인혜는 그곳에서도 탈출하고 싶었다.

어느 날 인혜에게 기회가 찾아왔다. 난장이 언니가 친하게 알고 지내는 마담에게 인혜를 양딸로 삼아 줄만한 사람이 있는 지를 물었던 것이다. 그 마담은 자신의 친척을 소개했다. 그 친척은 아들이 2명 있었지만 딸도 하나 있으면 좋겠다고 노래를 불렀다고 한다. 결국 인혜는 17세 때 난장이 언니와 마담의 도움으로 주인으로부터 탈출해 양부모가 사는 불광동으로 갔다.

양부모는 성품이 좋은 사람들이었다. 양아버지는 구두의 최종 박음질을 마무리 하는 작은 공장을 운영했다. 그는 인혜를 자신의 호적에 올렸다. 그리고 최선을 다해 사랑해 주었다. 그때부터 인혜에게 천국 같은 삶이 펼쳐졌다. 인혜가 하는 일은 밥하고 빨래하고 동생들 뒷바라지 해주는 것이 전부였다. 나머지 시간에는 방에 덜렁 누워서 '이게 꿈인가, 생시인가?'라는 생각이 들 정도로 마음껏 먹고, 원 없이 잠을 자기도 했다.

그런데 마냥 행복할 것만 같았던 인혜에게 특이한 현상이 일어났다. 무슨 이유에서인지 가슴 한편이 시렸던 것이다. 혼자 먼 산을 바라보며 울기도 했다. 새와 구름이 그렇게 부러울 수 없었다. 그들은 자유롭게 어디든지 갈 수 있기 때문이다. 인혜는 엄마가 보고 싶었던 것이다. 한창 어리광 부릴 9세 때 곡예단에 납치되어 17세까지 8년간 학대를 받으며 살았으니 엄마가 얼마나 보고 싶었겠는가. 저 산만 넘으면 엄마가 있을 것 같은데…

이렇게 우울하게 지내는 인혜에게 어느 날 사랑이 찾아왔다. 양부모는 교회를 안 다녔지만 이모가 독실한 크리스천이었다. 인혜는 이모의 인도로 순복음교회를 다니면서 하나님의 사랑을 알게 되었다. 그 사랑은 외로운 영혼에 불을 지폈고 인혜는 그 사랑이 감사해서 새벽마다 교회에 가서 울었다.

영혼이 잘 되면 범사가 잘 된다고 했다. 아가페의 사랑을 체험한 인혜에게 이번에는 에로스eros: 남녀 간의 사랑가 다가왔다. 교회 성도 소개로 지금의 남편을 만나게 된 것이다. 두 사람은 만난 지 7개월 만에 결혼했다. 이때 인혜 나이 21세였다. 이제 마지막으로 엄마를 찾는 일만 남았다.

인혜가 첫 아이를 출산하자 남편이 엄마를 찾으러 가자고 제안했다. 인혜는 꿈만 같았다. 엄마와 헤어진 지 12년 만에 만나는 것이다. 어릴 적 기억을 더듬어 간신히 엄마를 찾은 인혜는 깜짝 놀랐다. 자신이 9세 때 기억하던 엄마가 아닐 정도로 많이 늙으셨기 때문이다. 어린 딸을 떠나보내고 마음고생을 많이 했던 게

10년은 더 늙어보이게 만들었다. 모녀는 서로 얼싸안고 울고 또 울었다. 그날 밤새도록 이야기꽃을 피웠다.

엄마는 그때 인혜를 주인에게 맡겨두고 통곡하며 집으로 돌아왔다고 했다. 그 후에도 인혜와 헤어진 것을 후회하며 사방팔방으로 찾아다니셨단다. 밤에는 잠을 못 잤고, 눈에는 눈물이 마를 날이 없었다. 인혜와 헤어지고 3년쯤에는 아들과 함께 화성 곡예단까지 찾아가기도 했다. 하지만 인혜가 없다는 말을 듣고 울면서 돌아갔다는 것이다. 인혜는 꿈에도 그리던 엄마와 일주일을 지냈다. 엄마는 인혜를 만나고 6년 후, 세상을 뜨셨다.

현재 김인혜 집사는 어린 시절에 겪었던 곡예단 생활을 어떻게 해석할까?

"저는 성격이 얼마나 도도했는지 모릅니다. 그 무시무시한 곡예단 사람들까지 제가 냉철하고 날카롭다고 할 정도였으니까요. 제가 만약 그런 상황을 겪지 않았더라면 나 밖에 모르는 사람으로 살았을 겁니다. 이런 성품을 잘 아시는 하나님께서 나를 낮추시기 위해 연단하신 것으로 생각합니다."

김인혜 집사는 곡예단에서 힘들게 생활할 때 3가지를 꿈꾸었다고 한다.

첫째, 이 고통에서 벗어날 수만 있다면 세상의 어떤 어려움도 다 이겨낼 것이다.

둘째, 어른이 되어서 돈을 많이 벌면 초코파이, 케이크, 맛있는 것들을 실컷 사먹겠다.

셋째, 장차 고아나 장애인 같이 불쌍한 사람들을 도우며 살겠다.

그녀의 소박한 꿈은 어떻게 되었을까? 김 집사는 하나님께서 고아나 다름없던 자신에게 좋은 남편을 주시고, 사랑하는 자식을 주신 것에 대해 감사를 입에 달고 살았다. 하나님은 그녀의 자녀들이 모두가 부러워할 만큼 잘 되게 하셨다. 물질의 복도 주셨다. 불과 5년 전만 해도 허덕이며 살았는데 지금은 남편 사업이 '구멍가게와 대형 마트의 차이'만큼 번창했다고 한다.

김 집사에게는 독보적인 분야가 있다. '오직 하나님을 기쁘시게 하는 삶'을 사는 것이다. 그것은 무엇일까? 그녀는 내게 말했다.

"생활이 어려운 목사님들을 섬기는 것입니다."

바로 이것이 그녀가 천배의 복을 받은 원인이었다.

"의로운 사람은 일곱 번 넘어져도 다시 일어(잠 24:16)"난다고 했다. 김인혜 집사의 반평생은 슬픈 운명에서 탈출하기 위한 몸부림의 연속이었다. 그녀는 결국 성령의 은혜로 가난, 강도의 소굴(곡예단), 영혼의 갈증, 외로움이라는 고통에서 탈출하는데 성공했고, 이제는 '오직 하나님을 기쁘시게' 한다는 사명을 이루기 위해 달려가고 있다. 그녀는 성령께서 하나님의 사람으로 훈련하신 칠전팔기의 곡예사다.

선지자의 비애悲哀

　‘의사가 제 병 못 고친다.’와 ‘중이 제 머리를 못 깎는다.’는 속담에는 인간의 한계와 고충과 모욕이 공존한다. 예수님도 이런 고충을 겪으시고 “선지자가 고향에서는 환영을 받는 자가 없느니라(눅 4:24).”고 한탄하셨다. 예루살렘과 타지방에서는 그리스도로서 존경을 받았지만 정작 고향 사람들과 가족들은 자신을 그리스도로 인정하지 않고 무시했기 때문이다.

　전 영남신학대학교 이사장이자 구미 시민교회 원로 목사인 정영화 목사에게도 위 속담과 같은 고충이 있었다. 그는 고등학교 졸업 후 영남신학교에 진학했다. 고 이상근 박사에게 인정을 받을 정도로 전도유망했다. 하지만 그는 2학년 때 돌연 신학을 포기해 버렸다. 그 후 그에게 인생 최대의 위기가 찾아온다. 결핵성 관절염에 걸린 것이다. 관절마다 물이 생겼고, 그로 인해 제대로 걷지도 못했다. 절대절망에 처한 그는 투신하기로 작정하고 철교로 갔다. 그리고 자신의 처량한 신세를 한탄하며 하염없이 울고 있을 때였다.

"내 아들아 너는 내 일을 하라. 내가 너의 일을 해 주겠다."

난생 처음 하나님의 음성을 듣고 화들짝 놀란 정 전도사는 구미 자취방으로 갔다. 그곳에서 낫는다는 희망도 없이 쓸쓸하게 지내고 있었다. 그런 그에게 어느 날 낯선 사람 15명이 들이닥쳤다. 그들은 자신들을 개척교회(구미제일교회 전신) 교인들이라고 소개하며 선산읍교회 목사로부터 그에 대한 소식을 듣고 찾아왔다고 했다. 교역자가 없으니 매주일 교회 와서 설교 해 줄 것을 요청했다. 정 전도사는 자신의 손과 발을 보여주며 설교 원고도 못 쓰는 형편이라 응할 수 없다고 했다. 그들은 요지부동이었다.

"우리는 먹어도 같이 먹고, 굶어도 같이 굶을 테니까 와 주십시오."

정 전도사는 마지못해 승낙했다. 주일에 가보니 교회 건물은 없고 가정에서 예배를 드리고 있었다. 그때부터 신비한 현상이 일어났다. 손이 아파서 원고도 못 썼지만 강대상에만 서면 온 몸에 불이 이글거리고 땀이 비 오듯 했다. 그렇게 3개월을 선포하니 오른쪽 손만 남기고 몸이 온전히 회복되었다. 그는 오른손을 사단의 가시라고 생각했다.

132

이 체험을 계기로 그는 다시 신학을 하고, 사모를 만나 결혼도
했다. 영주 부석교회에 담임 전도사로 부임해서 목회도 평안하게
했다. 그런데 40세에 목사 안수를 받고 나니 '내가 밥 얻어먹으
려고 목사 된 것도 아닌데, 나 때문에 교회 하나 정도는 생겼다는
소리를 들어야 하지 않겠나?'하는 의문이 생겼다. 정 목사는 고
민 끝에 안정된 부석교회를 사임하고 1980년, 고향에서 구미시
민교회를 개척했다.

그때부터 2003년까지 정 목사는 그의 모든 것을 다 바쳐 교회
를 섬겼다. 그것은 사모도 마찬가지였다. 그녀는 23년 동안 온갖
궂은 일을 마다않고 헌신했다. 그 결과 성령의 역사로 교회는 연
건평 1,600평, 장년부 평균 출석 1,500여 명의 교회로 성장했다.
이제 교회도 헌당하고 부채도 거의 다 갚았기에 행복을 누릴 일
만 남았다. 그러나 '호사다마'라고 했던가! 2003년 12월 어느 날,
사모의 몸에 이상이 왔다. 소화가 잘 안 되어서 CT 촬영을 했더
니 임파선 암으로 판명된 것이다. 2004년 1월 2일, 경대병원에
입원했다. 사모 나이 63세였다.

정영화 목사는 청천벽력 같은 소식에 충격을 받았고, 교인들
은 "몸 밖에 바칠 게 없다는 일념으로 개척 초기부터 반평생을
교회에 헌신하셨는데 왜 사모님에게 이런 일이 일어나는 겁니

까?"하며 눈물바다를 이루었다. 그런데 그 중 유독 담담해 하는 사람이 있었다. 당사자인 사모였다. 그녀는 "하늘나라 가는 것은 불행이 아니라 복입니다. 하나님은 내가 필요하면 데려가실 것이고, 내가 아직도 쓰임 받을 만한 이유가 있다면 살려주실 겁니다."라고 말하며 오히려 교인들을 위로했다.

사모가 담담할 수 있었던 이유는 무엇일까? 그녀는 "최선의 삶을 살았기 때문"이라고 했다. 그녀가 천국에 갔을 때 하나님께서 "너 뭐하고 왔니?"라고 물으시면 적어도 책망은 받지 않을 것이라는 확신이 있었다. 그동안 하늘나라에 소망을 두고 살았는데 이제 와서 두려워하면 자신의 믿음은 가짜라는 것이다. 그래서 고통 중에도 늘 감사하며 찬양했다.

한편, 정영화 목사에게는 또 다른 고충이 있었다. 만약 사모가 죽기라도 한다면 첫째, 노후를 외롭게 보내야 한다. 둘째, 담임 목사로 계속 사역하기가 힘들어진다. 셋째, 구미 시민들이 주시하고 있기에 하나님의 영광을 가리게 된다는 것이다.

사모는 1월 7일 퇴원한 후 김천 딸집에서 통원치료를 받았다. 정 목사는 구미 사택에 거하면서 목회를 했다. 그는 교인들과 사모 앞에서는 울지 않았지만 목양실에서는 폭풍 같은 눈물을 흘렸다. 1월 15일, 사모는 아침 9시부터 오후 5시까지 항암 액 일곱 병을 맞았다. 항암주사의 후유증은 상상을 초월했다. 피부에 감각이 없어지고 고통이 극에 달했다. 웬만한 고통쯤은 눈 하나 깜짝 않던 사모조차도 끙끙 앓을 정도였다.

정 목사는 그날 김천에 들렀다가 사모가 고통스러워하는 모습을 보고 이렇게 말했다. "여보, 기도합시다." 그는 결혼 후 처음으로 사모 환부에 손을 얹고 간절히 기도했다. 정 목사가 교인들에게는 안수기도를 해도 사모에게 하지 않은 데는 이유가 있었다. 아내에게만큼은 목사가 아니라 남편이고 싶었기 때문이다.

하지만 그날은 이런 생각이 들었다고 한다. '내가 남을 위해서 기도하면 병이 나았는데, 아내가 아픈데 기도를 안 하면 되겠는가.' 정 목사는 부부간에 무안한 것도 개의치 않고 기도 했다. 기도에 진정성은 있었지만 소위 불이 떨어지는 느낌은 없었다. 하지만 평소와 조금 다른 것은 있었다. 그날 저녁만큼은 평안하게 잠들었던 것이다.

아침에 일어난 사모는 특별한 고백을 했다. 정 목사가 안수기도 할 때 마치 '수은주가 내려가듯 고통이 사라졌다"는 것이다. 그 날부터 밥을 맛있게 먹었다. 그래도 의사가 하자는 대로 항암치료는 6회까지 다 받았다. 퇴원할 때 의사가 말했다. "이제는 공기 좋고 물 좋은 곳에 가서 사십시오." 정 목사와 사모도 그럴 생각이었다.

그렇다면 공기 좋고 물 좋은 곳은 어디일까? 정 목사 부부가 은퇴하면 살려고 선산에 마련해 놓은 집이 있었다. 아무리 살펴봐도 거기보다 좋은 곳은 없었다. 그 집을 수리해서 이사했다. 정 목사도 선산에서 교회로 출퇴근했다. 그렇게 2007년까지 목회를 하다 연말에 교회를 후임자에게 넘겨주고 은퇴를 했다.

정 목사는 구미 시민교회를 개척하고 27년 동안 혼을 담았던 친정 같은 교회를 떠나오니 감개무량했다. 한편으로는 '내가 사는 날까지 그냥 늙어서 시들어 죽는 것 보다 일하다가 닳아서 죽는 게 좋지 않겠나.'하는 생각이 들었다. 그럼 어떤 일을 하면 보람 있게 잘할 수 있을까? 후학을 양성하는 일이다. 정 목사의 꿈은 이루어졌다. 그는 2012년 7월, 사택 밑에 120평에 달하는 건물을 완공하고 자신의 호를 따라 '은파재 영성 수련원'으로 지었다. 주일에는 40여 명이 모여 예배를 드리고, 평일에는 세미나와 수련회 장소로 사용하고 있다.

사모는 암 판정을 받은 지 5년 만에 의사가 완치를 선언했다. 그녀는 9년째 건강하게 살고 있다. 올해(2013) 정 목사는 77세, 사모는 71세다. 9년 전 하나님께서 사모를 살려주신 이유는 무엇일까? 부부는 이렇게 고백했다.

"하나님은 우리만 여기서 평안히 살라고 살려주신 것은 아닐 겁니다. 그냥 왔다가 그냥 가는 것보다 뭔가 하나라도 남겨 놓고 가면 좋지 않겠습니까. 가난하고 소외된 사람들을 위한 영혼의 쉼터가 되도록 그들을 위해 봉사하라고 살려 주셨다고 봅니다."

정영화 목사는 의미 있는 말로 끝을 맺었다.

"구미에서 첫 교회를 시작할 때 저부터 병이 낫고, 이어서 많은 교인들이, 마지막에는 사모까지 치료되는 체험을 통해 하나님이 나와 함께 하신다는 증거를 얻었습니다."

성령의 은혜로 목사(선지자)의 고충이 기쁨으로 변했다는 뜻일 게다.

아버지의 마음

"하나님, 살아계시면 증거를 보여주십시오. 아니면 내 뜻대로 살겠습니다."

1990년까지 정대철(37세)은 대구에서 건달로 살았다. 그런 그가 어느 날 딜레마에 빠졌다. 아내와 사별하고 100일도 안 된 아들을 떠안았기 때문이다. 건달 생활을 계속하려면 아이를 키울 수 없고, 아이를 키우려면 건달 세계를 떠나야 한다. 비록 한 순간의 잘못된 선택으로 건달 세계에 발을 들여놓았지만 그도 모태 신앙인이었다. 그는 아이의 미래를 위해서 새 출발을 해야 한다고 속삭이는 직관에 따르기로 결심했다.

대신 조건이 있었다. 하나님께서 살아계시는 증거를 보여주시면 아이와 새 출발을 하고, 그렇지 않으면 계속 건달로 살겠다는 것이다. 그는 강남금식기도원에 들어가서 일주일간 금식하며 기도했다. 4일째 되는 날 그의 마음에 천둥이 내려치듯 강렬한 음성이 들려왔다.

"네가 고멜이다!"

그가 깜짝 놀라며 자신의 귀를 의심하자 같은 음성이 두 번째 들려왔다.

"네가 고멜이다!"

고멜은 구약시대 호세아 선지자의 아내였음에도 불구하고 음란하게 산 사람으로서 배교자의 대명사였다. 형식적으로나마 설교를 듣고 고멜이 누구인지 알고 있는 대철은 자신이 왜 고멜인지 이해할 수 없었다. 마음속으로 '내가 왜 고멜입니까?'라고 항의하는데 그 순간 속에서 의식하지 못한 죄들이 주마등처럼 떠오르면서 마음에 세미한 음성이 들려왔다.

"네가 나와 결혼한 게 언제인데 여전히 부정한 고멜이 되어서 살고 있느냐!"

그 음성을 듣는 순간 강퍅했던 대철의 마음이 녹아내리면서 그 자리에 고꾸라졌다. 태어나서 처음으로 시원하게 울었다. 하나님이 살아계심을 체험한 대철은 완전히 새로운 삶을 살기로 작정했다. 아이는 어린이 집에 맡겨 놓고 온갖 궂은일을 하면서 93년까지 대구에서 살았다. 그런데 대구에서 사는 한 옛 사람들을 만나면 또 휩쓸릴게 뻔했다. 주님께 좋은 환경으로 인도해주시길 기도하는데 대철의 눈에 부산에 있는 아시아드교회(가명)

간판이 환상으로 보였다. 그는 이 현상을 하나님의 뜻으로 알고 부산으로 내려갔다. 부산에는 남동생이 살고 있었다.

대철은 부산에 가자마자 집도 구하지 않고 아시아드교회에서 이틀간 철야하면서 기도했다. 하나님의 인도를 구하려는 것이었다. 삼일 째 되는 날 그가 집을 구하기 위해 한 방향으로만 걸어가는데 그의 눈에 대궐 같은 집에서 월세를 구한다는 광고가 보였다. 큰 집이라 괜찮을 것 같아서 가봤더니 행랑채였다. 다행히 대철에게는 누님이 보내준 300만 원이 있어서 행랑채를 보증금 200만 원에 월 6만 원으로 계약했다.

대철은 한쪽 다리가 심한 소아마비인데다 다른 쪽 다리도 성하지 못해 직장을 얻을 수가 없었다. 그는 서울에 사는 누님이 매달 보내주는 10만 원으로 살았다. 6만 원은 월세로 내고, 만 원을 십일조로 내려니 너무 죄송해서 십의 이조를 드렸다. 한 달 헌금으로 만 원, 남선교회 회비로 5천 원을 내니 5천 원이 남았다. 이 돈으로는 전기세, 수도세도 안 되었다. 그래도 그는 믿음이 있었다.

"하나님께서 나를 죽이시려면 쓰레기통(건달)에 빠져 살 때 죽였을 겁니다. 그러므로 건져 놓고 죽이지는 않으실 것이라는 확신이 있습니다. 그분이 살아계시는 것을 체험했으니까요"

이것이 대철의 신앙고백이었다. 그는 부산에서 2년 정도 살았다. 그 2년은 대철이 낮아짐으로 하나님과 동행하는 시간이었다.

아무 것도 할 수 없는 상황에서 대철이 할 수 있는 것은 오직 성경 묵상하고, 기도하고, 예배하는 것뿐이었다. 그는 아이를 재워놓고 매일 새벽 3시 30분부터 7시까지 교회서 기도하고 집에 돌아왔다. 한 번은 새벽기도에 갔다 오더니 집 주인 아주머니가 한소리를 했다. 대철이 새벽기도 간 사이 아이가 깨서 한참을 울었다는 것이다.

그렇다고 대철은 아이 때문에 기도를 쉴 수는 없었다. 그날 저녁에는 아들에게 이렇게 말했다.

"성훈(가명)아, 아빠 새벽에 기도하러 가는 거니까 깨도 울지 말고 다시 코 자. 알았지!"

그리고 다음 날도 새벽기도를 갔다 오는데 방에 불이 켜져 있는 것이 아닌가? 분명 불을 끄고 갔다고 생각한 대철은 바깥 창문을 살짝 열고 방 안을 들여다보다가 눈물을 왈칵 쏟았다.

"하나님, 우리 아빠 빨리 오게 해 주세요!"

이제 겨우 5세 된 아들이 무릎을 꿇고 기도하고 있었던 것이다. 믿기지 않는다고? 사실이다. 5세 아이가 충분히 그럴 수 있는 것은 대철이 집에서, 교회에서, 기도원에서 시도 때도 없이 기도하는 모습을 아이가 봐왔기 때문이다. 대철은 사랑하는 아들에게 먹을 것과 장난감도 제대로 못 사주는 것을 늘 마음 아파했다.

어느 날 대철은 억장이 무너지는 장면을 목격했다. 저녁 식사 시간이 다 될 때쯤 대철이 볼일 보러 잠시 나갔다 들어와 보니 아들이 마당에서 침을 흘리고 있었다. 주인집에서 고기를 굽고 있었는데 그 냄새를 맡은 아들이 마당까지 나와서 닫혀 있는 주인집 큰 방을 바라보고 있었던 것이다. 그 장면을 본 대철은 아들을 방으로 데리고 들어가 통곡했다. 아빠가 우니 아들은 영문도 모른 채 따라 울었다.

대철은 주머니에 손을 넣어보았다. 전 재산 300원이 있었다. 생선가계에 갔더니 고등어 한손은 500원, 한 마리는 300원이었다. 한 마리를 사서 불에 구워 아들 입에 넣어줬다. 아들은 아주 좋아하며 고기를 맛있게 먹었다. 아들이 맛있게 먹는 모습을 보니 대철의 입에도 미소가 일었다. 바로 그때 대철에게 깨달음의 섬광이 내리쳤다.

"너희 중에 누가 아들이 떡을 달라 하는데 돌을 주며 생선을 달라 하는데 뱀을

줄 사람이 있겠느냐 너희가 악한 자라도 좋은 것으로 자식에게 줄 줄 알거든
하물며 하늘에 계신 너희 아버지께서 구하는 자에게 좋은 것으로 주시지 않겠
느냐"(마 7:9-11)

이 말씀이 대철의 가슴에 새겨지면서 속에서부터 형언할 수
없는 기쁨이 올라왔다. 지금 대철의 상황에 이보다 더 어울리는
말씀이 어디 있겠는가. 대철은 건달로 살아왔던 악한 자로서 사랑
하는 자식에게 좋은 생선을 먹이고 있었던 것이다. 그런데 하나님
도 대철을 사랑하는 자식이라고 말씀하신다. 그리고 그 아버지께
서 대철이 구하기만 하면 좋은 것으로 주신다는 약속이 믿어졌다.
이 고등어 사건을 통해 대철은 생활의 염려에서 해방되었다.

하나님은 대철을 온전히 변화시킨 후에 사용하길 원하셨다.
어느 날 잘 알고 지내는 교회 집사가 대철에게 일거리를 제안해
왔다. 신축 아파트 입주자들을 모아 놓고 아파트 창문에 설치하
는 방충망을 주문 받는 일이었다. 대철은 이것저것 가릴 처지가
못 되어 무조건 할 수 있다고 했다. 그 일은 사실상 영업이었기에
쉬운 일이 아니었다.

그런데 어찌된 일인지 첫날부터 주문 요청이 쇄도하기 시작하
더니 한 달 동안 엄청난 실적을 냈다. 대철은 자신에게 의뢰한 집
사로부터 수고비 500만 원을 받고 뛸 듯이 기뻐했다. 500만 원은

대철이 처음 일해서 번 최고의 액수였다. 큰돈을 손에 쥐게 된 대철은 제일 먼저 아들에게 옷 사 입히고, 과자 사주고, 장난감도 사 주고 싶었다. 대철은 아들에게 뭔가를 사줄 것을 생각하니 기분이 좋았다.

새벽기도에 가서 하나님께 감사기도를 드렸다. 그런데 순간 마음에 감동이 오기를 '그 돈은 네가 쓸 것이 아니다.'라고 하는 것이 아닌가. 대철은 자신이 힘들게 일해서 번 돈인데 하나님께서 막으시니 반발심에 "아니 주님, 왜 이 돈이 제가 쓸 게 아닙니까?"하고 따졌다.

다시 마음에 감동을 주시기를 '네가 예전에 건달 생활할 때 아들 분유와 생활에 필요한 것들을 얻기 위해 술집과 식당과 슈퍼에서 돈과 물건들을 공짜로 가져갔지 않느냐. 그것들을 다 갚아라.' 주님 말씀은 옛 생활을 깨끗이 정리하라는 뜻이었다. 하지만 5년 전에 한 일을 어떻게 다 기억한단 말인가. 대철은 비참하기까지 했다.

결국 대철은 순종하기로 마음먹고 자는 아이를 깨워서 아침밥을 먹인 후 기차타고 대구로 갔다. 그리고 예전에 살던 동네에 가서 가게부터 시작해 술집과 식당을 찾아다니며 갚아나가기 시작했다. 그런데 문제가 생겼다. 갚으려고 하니 주인들이 얼마를 받아야 할지 모르고 대철도 얼마를 주어야 하는지 몰랐던 것이다. 하지만 대강 감이라는 건 있었다. 그래서 대철은 감에다 조금씩 더 얹어서 갚아줬다.

대철이 빚을 갚으러 돌아다니면 주인들의 반응은 한결같았다. 대철이 가게를 나오면서 살짝 뒤돌아보면 주인들은 대부분 손을 자기 머리에 갖다 대고 빙빙 돌렸다. 미쳤다는 것이다. 미치지 않았다면 이러지 않는다는 것이다. 그는 기억나는 대로 다 갚은 후 부산으로 내려가면서 지갑을 열어보았다. 한 푼도 남지 않았다. 대철의 마음은 홀가분했지만 한편으로는 아들에게 아무 것도 해주지 못한 것이 가슴 아팠다. 그런데 그게 끝이 아니었다.

하나님께서는 대철을 목사로 부르셨다. 그의 아들도 지금 (2013년) 신학을 하고 있다. 대철에게는 확고한 신앙철학이 있다. 하나님은 살아계신다는 것과, 자신에게 나타나신 하나님을 교회와 세상에 자랑하는 것이다.

아버지의 마음은 갓난아기를 떳떳한 아들로 키우는 것이었다.
하나님 아버지의 마음은 아기를 통해 대철을 구원하는 것이었다.
아버지의 마음은 아들에게 고등어를 사주는 것이었다.
하나님 아버지의 마음은 고등어 사건을 통해 하나님이 대철의 아버지가 되신다는 사실을 알게 하는 것이었다.

아버지의 마음은 아들에게 좋은 것을 사주는 것이었다.

하나님 아버지의 마음은 대철이 변화되어 하나님나라의 청지기가 되게 하는 것이었다.

그리고 하나님 아버지의 마음은 인류가 예수의 사랑을 알게 하는 것이다.

가장 사랑하는 신부

2012년 4월, 나는 사망사건에 관한 의뢰를 받았다. 의뢰자는 교회 청년부 시절 1년 후배였던 김은희다. 그녀는 죽은 자(42세)의 아내다. 해괴한 의뢰를 받은 나는 얼떨떨했다. 생각해보라. 목사인 내가 사망사건을 어떻게 해결하겠는가. 그런데 좀 이상했다. 김은희(43세) 집사는 임상병리사다. 그런 그녀가 생각 없이 내게 의뢰하지는 않았을 것이다.

나는 직관을 따라 후배의 의뢰를 받아들이기로 했다. 그리고 바로 대구로 가서 단서를 찾아 나섰다. 은희는 내게 사건의 경위를 설명했다. 2010년 7월 4일 주일 오전 6시 30분, 그녀는 1부(오전 7시) 예배를 드리러 가기 위해 남편을 깨웠다고 한다.

- 여보, 일어나세요. 교회 갈 시간 됐어요.

"……."

- 여보, 교회 갈 시간 다 됐다니까요.

"……."

- ? 여보? 여보!

147

은희의 동공이 커지고, 맥박도 빨라졌다. 남편이 평소와 달라 보였기 때문이다. 그녀는 제발 아니길 빌면서 남편의 몸을 자세히 살폈다. 다리 쪽 피부가 정상인과 차이가 났다. 의식도 없었다. 급히 119에 전화했다. 은희는 119 차를 같이 타고 가면서 남편의 의식이 돌아오길 간절히 기도했다. 하지만 의사는 남편이 새벽 2-3시경에 이미 사망한 것으로 추정했다.

청천벽력이란 게 이런 것일까? 갑작스럽게 일어난 일에 은희는 망연자실했다. 하지만 장례는 치러야 했다. 문제가 생겼다. 남편이 집에서 사망했기에 바로 장례가 안 된다는 것이었다. 은희는 경찰서에 출두해서 남편 사인을 진술했다. 경찰은 정확한 사인을 알기 위해 장례식 중에도 수차례 부검을 제안했다. 은희는 가슴이 아파서 부검을 할 수 없었다. 결국 경찰은 피살된 흔적이 없는 것을 확인하고 수사를 종결했다. 은희는 그제야 장례를 치렀다.

장례 후 여유가 생기자 은희에게 온갖 사념이 몰려왔다. 건강하기만 했던 남편이 허무하게 간 이유가 무엇인지, 장차 어린 딸들(9세, 13세)과 어떻게 살아야 할지, 모든 것이 막막했다. 그런데 슬퍼할 겨를도 없이 현실적인 문제가 다가왔다. 회사의 도움으로 산재를 신청했지만 2010년 11월 11일, 근로복지공단 측으로부터 사인미상 등 여러 가지 정황상 업무상재해로 인정할 수 없으므로 유족급여 및 장의비를 지급할 수 없다는 통보를 받은 것이다.

은희는 수용할 수 없었다. 즉시 전문 변호사를 통해 근로복지공단을 상대로 소송을 걸었다. 하지만 2011년 7월 15일, 법원은 피고 승소 판결을 내렸다. 부검하지 않아서 정확한 사인을 모르기에 인정할 수 없다는 것이었다. 은희는 허무했다. 이제 어떻게 할 것인가? 시아버지와 의논한 끝에 포기하기로 결정했다. 부검하지 않고 승소한 경우는 10% 미만이라는 선례와 1심 때처럼 법원에 수십 번 들락거리며 스트레스를 받고 싶지 않았기 때문이다.

며칠 후, 은희는 항소하지 않겠다는 뜻을 밝히기 위해 변호사 사무실에 전화를 했다.

"항소한다면 비용은 얼마나 듭니까?"

이런? 결심과 전혀 다른 말이 나와 버렸다. 변호사는 공단 측과 상대할 때는 원고 측 비용만 들고, 민사 변호사비도 저렴하다고 했다. 그 말에 용기를 얻은 은희는 고등법원에 항소 했다.

그때부터 은희는 하루 한 끼씩 40일 금식기도에 돌입했다. 교회가 캄보디아에 선교센터를 지을 때는 남편 종신 보험금 십분의 일에 해당하는 천만 원을 선교헌금으로 바치기도 했다. 2심도

1심 때처럼 힘들 긴 마찬가지였다. 그런데 판결 전날까지도 불안에 떨었던 은희에게 하나님은 판결 당일 새벽 설교를 통해 힘을 주셨다. 여호수아 8장에서 이스라엘 백성들이 아이성을 함락한다는 승리의 말씀이었다.

감격 속에 기도하는데 주님의 음성이 은은하게 들려왔다.

"딸아, 잘 견뎠다. 오래 참았다. 내가 너를 안다."

그 위로의 말씀으로 인해 은희는 하염없이 눈물을 흘렸다. 2011년 11월 11일, 드디어 결정의 날이 되었다. 은희의 공판 시간인 2시에 앞서 진행했던 판결들은 다 기각되었다. 그래서 은희의 마음은 더 무거웠다. 이제 본인 차례였다.

오후 2시, 원고석에 앉아 있던 은희는 초조한 마음을 달래기 위해 핸드폰 메모장에 기록해둔 이사야 41장 10절 말씀을 묵상했다.

"두려워하지 말라 내가 너와 함께 함이라 놀라지 말라 나는 네 하나님이 됨이라 내가 너를 굳세게 하리라 참으로 너를 도와주리라 참으로 나의 의로운 오른손으로 너를 붙들리라"

신기하게 은희의 마음은 태풍의 눈처럼 고요해졌다.

잠시 후, 판사가 판결을 내렸다. "○○○사건은 1심과 달리 부검을 하지 않았어도 여러 가지 정황상 과로사로 인정하니…" 할렐루야! 은희의 눈에서는 기쁨의 눈물이, 입에서는 봇물 터지듯 감사가 쏟아졌다. 그동안 얼마나 가슴 조려왔던가. 특히 2심의 결과가 은희에게 의미 있었던 이유는 근로복지공단 측으로부터 산재로 인정할 수 없다는 통보(2010.11.11.)를 받고 정확히 1년 만에 거둔 승리(2011.11.11.)였기 때문이다.

이제 근로복지공단측이 2011년 11월 30일까지 상고하지 않으면 산재로 인정된다. 그러나 '산 넘어 산'이라고 했던가. 12월 9일, 근로복지공단측은 '부검이 안 된 경우는 승리할 수 있다'는 판단 하에 대법원에 상고 했다. 은희는 필승을 위해 준비했다. 올케 언니에게 제안해서 아버지 제사를 추도예배로 바꾸었다. 주님이 이번에도 이기게 하시면 산재보험금 십분의 일은 선교헌금으로 바치고, 십분의 일은 시어른들께 생활비로 드리겠다고 서원했다.

2012년 3월 15일, 대법원은 은희의 손을 들어주었다. 수고하고 무거운 짐에서 해방되는 순간 은희는 '무'에서 '유'를 창조하신 하나님께 영광을 돌렸다. 하나님의 은혜로 한국에 있는 미 자립교회에 선교헌금을 보낸 지 꼭 일 년 만에 최종 승리를 주신 것이다. 은희는 2년 소송을 통해 하나님을 새롭게 알게 되었다. 그분은 승리와 긍휼의 하나님이셨다.

은희는 사는 날까지 매달 산재보험금 200만 원을 받게 됐다. 그녀는 하나님께 서원한 내용을 성실하게 이행하고 있다. 이로써 남편 관련 문제는 다 해결되었다. 그런데도 은희는 왜 내게 의뢰했을까? 남편이 죽은 진짜 이유를 알고 싶었던 것이다. 남편 사후 일주일 동안 은희는 "하나님 왜 저에게 이런 일이 일어난 겁니까?"라고 부르짖었다. 하나님은 "딸아 내가 너를 사랑한다."는 말씀만 하셨다. 이것 때문에 은희는 혼란스러웠다. 사랑한다면서 동시에 고통을 줄 수는 없기 때문이다.

은희는 내게 남편이 사망하기 일주일 전에 있었던 이야기를 해주었다. 은희가 소속된 구역의 부목사가 구역 회원 10명에게 서로 중보기도 제목을 내고 일주일 동안 새벽에 기도할 것을 제안했다. 은희는 "남편이 온전한 주일 성수를 할 수 있게 해주십시오."라는 기도제목을 냈다. 남편 회사 사정상 바쁠 때는 주일에도 일할 수밖에 없었기 때문이다.

은희는 일주일 특별새벽기도를 감격 속에 이어나갔다. 한 달 전에 친정아버지(79세)가 예수님을 영접하고 돌아가신 것이 감사했기 때문이다. 아버지 구원 문제는 은희의 평생 숙원이었다. 장

례식도 교회의 축복 속에 거행했었다. 토요일까지 특별새벽기도
는 은혜롭게 끝났다. 은희는 다음 날 주일에도 출근하기로 되어
있는 남편과 1부(오전 7시) 예배를 드리기로 약속했다. 그런데 주
일 새벽에 남편이 사망한 것이다.

은희는 "하나님, 왜 이렇게 기도를 시켜 놓고 남편을 데려가십
니까?"라고 절규했다. 이 의문에 대해 내 생각을 그녀에게 말해
주었다. "기독교에는 '하나님께서 사랑하는 사람은 빨리 데려가
신다.'는 속설이 있어. 남편이 회사 일에 의미를 못 느꼈다고 했
지. 3교대를 하는 현장 직에서 주일성수도 온전히 못하고 근무하
려니 육적·영적으로 많이 힘들었을 거야. 그런 사정을 아신 하
나님께서 신부같이 순결한 남편을 사랑하셨기에 일찍 데려가셨
다고 봐."

그럼 남겨진 은희의 심정은 아무래도 상관없다는 말인가? 아
니다. 하나님께서 남편을 빨리 데려가신 두 번째 이유는 그녀 또
한 신부로 택하셨기 때문이다. 남편은 고해와 같은 세상에서 참
된 안식을 주시기 위해 신부로 데려가셨고, 은희는 새로운 사명
을 주시기 위해 주님의 신부로 삼은 것이다. 여기까지 얘기를 들
은 은희는 하나님의 오묘하심을 찬양했다.

그렇다면 은희의 사명은 무엇일까? 그녀는 자신도 아직 모른
다고 했다. 다만 은희는 자신의 사명이 선교와 연관이 있을 것으

로 추측한다. 남편 이름으로 산재보험금을 주신 것도 선교와 무관하지 않다고 본다. 그래서 지금은 물질로 선교하고, 때가 되면 하나님의 나라를 위해 어떤 형태로든 헌신할 각오이다.

비사가 있다. 과거 시아버지가 남편에게 신학을 권한 적이 있었는데 그가 사양했다고 한다. 남편에게 주어졌던 미션이 아내인 김은희(2013년, 44세) 집사에게 넘어왔다는 게 섭리의 묘미이다.

실수의 은혜

　많은 사람이 두 마리 토끼를 잡기 위해 애를 쓴다. 하지만 대부분은 실패하고 만다. 그들은 한 마리라도 잡으려고 한다. 그러기 위해서 적당히 타협한다. 바로 이런 문제 때문에 그리스도인들은 성공하기가 더 어렵다. 일반인들은 한 마리 토끼만 잡아도 되지만 그리스도인들은 반드시 두 마리 토끼를 잡아야 하기 때문이다. 어떻게 하면 빛과 소금이 되고, 비즈니스에서도 성과를 낼 수 있을까? 이것이 그리스도인들이 하는 고민이다.

　당신도 잘 알겠지만 비즈니스 세계는 냉혹하다. 실수하면 실패자로 규정한다. 한 번의 실수가 평생을 좌우할 수도 있기에 실수하지 않으려고 조심한다. 실수를 통해 배운다고 하지만 그것은 어디까지나 성공했을 때를 전제로 하는 것이다. 그러기에 실수는 모두에게 고통만 줄 뿐 아무런 유익을 주지 못한다. 하지만 '만의 하나'라는 것도 있다.

　홍현창 집사는 25세에 금형 사업을 시작했다. 금형은 금속으로 된 틀이나 거푸집이다. 그는 주물로 뼈대를 만들어 자동차나

공작 기계를 완성하는 중소기업에 납품하는 일을 했다. 홍 집사가 금형 사업을 20대에 시작한 것은 가난을 벗어나고자 함이었다. 봉화 법전이 고향인 그는 네 살 때 아버지가 돌아가시는 바람에 매우 가난하게 살았다. 어머니는 여러 마을로 다니면서 고등어 장사를 하셨고, 그는 초등학교 4학년 때부터 나무를 하러 다녔다. 중학교 1학년 때는 형편이 더 어려워져서 학업을 포기하고 머슴으로 살기도 했다. 형 3명도 일찌감치 대구에 가서 공장생활을 했다. 이런 홍 씨 집안도 소망이 있었다. 어머니가 그리스도인이었다는 것이다.

19세가 되자 현창도 대구로 가서 금형공장에 취직했다. 당시 금형은 도면을 보고 손으로 제작하는 어려운 기술이었다. 현창은 타고난 성실함과 집중력으로 기술을 연마하는 한편, 25세까지 500만 원 짜리 적금을 들어서 사업자금으로 마련했다. 어머니의 신앙을 물려받은 현창은 비즈니스도 말씀대로 하려고 힘썼다.

그런데 이게 웬일인가? 납품 의뢰가 주일에 들어와서 일을 안 해줬더니 거래처가 끊긴 것이다. 현창은 이 일로 큰 상처를 받았다. '하나님이 안 계시는가?'하는 생각도 들었다. 그때부터 영업 방식을 바꿨다. 다른 사람들처럼 거래처 사장들에게 담배를 사 주고, 막걸리도 같이하면서 로비했다. 이런 삶은 그가 27세에 결혼

156

한 후에도 계속되었다. 거래처 담당자들과 횟집, 주점에 가고 카드와 고스톱도 쳤다. 일주일에 두세 번은 밤을 새기 일쑤였다. 가정에 소홀히 하니 아내가 힘들게 생활했다. 하지만 그렇게 해도 상황은 나아지지 않았다. 나이가 어린 관계로 거래처 사장들이 다른 업체에 비해 결제를 제일 늦게 해주는가 하면, 어떤 곳은 공장 문을 닫고 도망하기도 했다. 그러면 결제대금을 떼였다.

이런 생활은 1995년까지도 이어졌다. 그즈음 홍 집사는 끔찍한 사고를 당하게 된다. 사업차 고속도로를 탔다가 졸음운전으로 대형 트레일러와 충돌해 자신이 몰던 포터가 종잇장처럼 찢겨져 버린 것이다. 하지만 대형 사고였음에도 불구하고 그는 상처하나 입지 않았다. 홍 집사는 하나님께서 정신 차리라고 자신을 치신 것으로 해석했다.

그는 48세에 최후로 하나님의 방법대로 살 것을 결단하고 친구와 함께 주암산 기도원으로 들어갔다. 그날 대구 반야월 중앙 교회 이승희 목사의 설교를 듣고 은혜를 받았다. 그러나 이번에는 교회 안에서 시험 들었다. 네 개 교회 개척에 동참하여 성장하기까지 눈물로 씨를 뿌렸지만 그때마다 목회자들이 초심을 버려서 실망하였던 것이다.

"하나님, 저는 왜 매번 싸우는 교회로만 갑니까? 이번에는 옳은 목자를 만나서 신앙생활을 제대로 할 수 있도록 인도해 주십시오."

하나님께서 홍 집사의 기도를 들으신 걸까? 2007년, 북한선교회 모임에 참석했다가 강사로 온 박용식 전도사의 설교를 들은 것이다. 그는 설교 전에는 '전도사님이 설교 해봐야 얼마나 잘하시겠나?'라고 생각했다. 그런데 '저런 분하고 개척을 하면 얼마나 좋을까.'라는 생각이 들 정도로 설교에 큰 은혜를 받았다. 그의 소망은 박 전도사가 목사 안수를 받은 후 현실이 되었다. 그는 마지막으로 박 목사를 목회자로 모시고 개척을 해서 교회다운 교회를 세운다는 꿈을 가졌다. 그리고 그 꿈을 이루기 위한 첫 번째 시도로 교회에 천만 원을 헌금했다. 신기한 것은 하나님의 나라를 위해 살기로 작정하고 헌금 한 후부터 형편이 조금씩 풀리기 시작했다는 것이다.

홍 집사는 자신의 주택(41평)을 1억 천만 원에 내 놨었다. 하지만 집은 1년 동안 팔리지 않았다. 그런데 헌금 바치고 1년 6개월쯤 후에 하나님께서 학원을 운영하려는 사람을 보내주셔서 1억 7천만 원에 팔리게 하셨다. 반면 홍 집사가 1억 4천 5백만 원에 산 대백 아파트(32평)는 1억 8천까지 올라갔다. 하나님께서 1억

여 원을 이익 보게 하신 것이다.

변화는 공장에서도 일어났다. 신용대출로 1억 3백만 원짜리 자동화 기계를 산 것이다. 그런데 이것이 애물단지가 됐다. 큰 기계로 인해 공장이 비좁아 싼 주택가로 이전했더니 주민들이 소음 때문에 구청에 진정을 제기해서 또 다시 공장을 옮겨야 했다. 이것보다 더 큰 문제는 컴퓨터로 작동하는 기계를 조작할 사람이 없어서 10개월 동안 묵혀두었다는 점이다. 이 기계로 인해 홍 집사는 잠을 설칠 정도로 스트레스를 받았다. 이자는 매달 50만 원씩 들어가고, 2년 후부터는 수백 만 원씩 원금을 갚아야 하는데도 뾰족한 수가 없었다. 상황이 이렇다보니 홍 집사가 할 일은 새벽기도에 나가서 그저 눈물만 흘릴 뿐이었다. 결국 그는 기계를 다시 팔기로 결심했다. 옆에서 이를 보다 못한 박 목사가 홍 집사에게 물었다.

– 홍 집사, 이 기계를 왜 샀어요?

"교회에 충성하고 싶은데, 내가 배운 게 있습니까, 뭐가 있습니까. 그러니 돈이라도 벌어서 충성해야 되지 않겠습니까. 이것 때문에 기계를 산 것입니다."

– 그래요? 홍 집사의 마음이 그렇다면 기계를 팔지 마십시오. 시작이 복음적이라면 끝도 복음적으로 마치도록 주님께서 역사

하실 겁니다.

　박용식 목사는 홍 집사를 위해 간절히 기도했다. 기도하는 중에 사위가 대학 때 한 학기 동안 금형을 수강했다는 기억이 떠올랐다. 박 목사는 도요타 자동차 영업직에 근무하고 있는 사위에게 창조산업에서 일할 생각이 있는지 물었다. 사위는 의외로 쉽게 그 제안을 받아들였다. 홍 집사는 CAD 전문가를 불러서 시간당 10만 원씩 주어가며 박 목사의 사위를 가르치게 했다. 그러자 애물단지 기계가 보물단지로 변했다. 수작업으로 할 때보다 매출이 여섯 배나 올랐던 것이다. 직원도 2명으로 늘었다.

　이제는 아무 걱정이 없을 줄 알았는데 애로가 또 생겼다. 2011년 5월, 창원에 있는 한 중소기업에 3,000만 원짜리 물건을 납품한 적이 있었다. 계약금 1,200만 원을 받고 나머지는 차후 받기로 했는데 4개월이 지나도록 결제를 안 해주는 것이었다. 홍 집사가 전화 하면 받지 않고, 어쩌다 통화가 되어도 결제를 미루기만 했다.

　예전의 홍 집사 같으면 전화해서 큰 소리를 쳤을 것인데 당시는 그렇게 할 수도 없었다. 마지막으로 하나님 방법대로 살겠다고 명함에 '알파와 오메가 창조산업'이라는 문구를 넣었고, 이메일 주소도 'Jesus'로 만들었기 때문이다. 명함, 간판, 이메일 주소

160

에 예수 믿는다는 것을 드러냈는데 어떻게 욕을 하겠는가. 그는 이 문제를 놓고 새벽에 일주일을 기도했다. 7일째 되는 날, 홍 집사에게 납품을 의뢰한 창원 중소기업 상무로부터 전화가 왔다.

― 우리 경리 아가씨가 다른 업체에 송금한다는 것이 실수로 홍 사장님에게 2,300만 원을 보냈습니다.

"왜요, 내 돈은 돈이 아닙니까. 돈이 있으면서도 안 보내주시고. 전화를 그렇게 해도 안 받으시더니 섭섭합니다.(웃으며)"

― 홍사장님, 우리 사장님 알면 난리 나니까 결제대금 1,800만 원을 제하고 나머지 돈은 빨리 좀 보내주십시오.

― 보내드리지요. 제가 남의 돈 떼어 먹겠습니까.(웃으며)

이 체험은 홍 집사의 믿음을 반석 위에 올려놓았다. 그는 "제 모든 사업을 하나님께서 운영하신다는 것을 느꼈습니다."라고 고백했다. 앞으로도 하나님께서 세우신 기업이기에 친히 책임지실 것으로 믿었다. 현재(2013년) 홍현창(55세) 집사는 자신의 믿음대로 정신없이 바쁜 나날을 보내고 있다. 하나님 뜻대로 살기로 작정한 후부터 입소문만으로도 일감이 넘쳐나서 지금은 아예 영업을 안 한다. 내년에는 공장을 확장하고 기계도 하나 더 들여놓을 계획이다. 홍 집사의 꿈은 오직 하나다. 기업을 통해 복음을 전파하는 것이다. 현재 교회용 불판을 크게 제작하여 전국교회에 저렴하게 판매하는 것도 수익금으로 교회를 건축하기 위함이다.

사람은 누구나 실수하면 불안해한다. 경리와 상무도 실수로 인해 안절부절 했다. 그런데 홍 집사에게는 그 실수가 오히려 기쁨이 되었다. 홍 집사가 경험한 '만의 하나'의 확률은 100% 주님께서 주신 은혜였다. 그가 하나님께 은혜를 입은 것은 한 마리 토끼를 잡으려던 습관을 버리고, 두 마리 토끼를 잡기로 결심했기 때문이다. 홍 집사가 자신의 입으로 "벌어서 하나님의 일을 하려고 합니다."라고 고백하고 실천했기에 하나님께서 복 주신 것이다.

우연일까? 홍 집사가 섬기고 있는 '주님의 몸 된 교회'는 예전에 그가 노름하던 자리에 세워졌다.

1부 | 내 삶(문제)에 찾아오신 최고의 순간 — 행복 수필

전도하는 이방인

　그리스도인들도 부담스러워하는 전도를 믿지 않는 일반인이 사명감을 가지고 하는 게 있을 법한 일일까? 감사하게도 나는 그런 사람과 여러 번 식사하고 그의 집에도 초대받은 적이 있다. 그와의 만남은 드라마 그 자체였다.

　신학대학 3학년이던 1994년은 내게 무척 힘든 해였다. 목회하시던 아버지가 뇌출혈로 돌아가신지 2년쯤 되던 시기라 나와 형제들이 홀로서기를 해야 했기 때문이다. 그해 어느 날 나는 정류장에서 시내버스를 기다리고 있었다. 제법 기다렸는데도 버스가 오지 않자 무료해진 나는 주변을 두리번거리다가 무심코 건물 벽에 붙어있는 스티커를 보았다.

　"당신이 지쳐 쓰러지려고 할 때 한 권의 책이 힘이 될 수도 있습니다!"

　거기에는 이 문장과 전화번호가 적혀 있었다. 특별한 점이 없어서 그냥 지나치려다가 호기심에 전화번호를 적었다. 그리고 자취방에 도착해서 그에게 전화를 했다. 우연히 스티커를 보고 무슨 사연이 있는 것 같아서 전화를 한 것이라고 했더니 그가 친절하게 설명해주었다.

"1년 전, 평소 습관대로 대구 제일서적에 갔다가 우연히『희망건너기』라는 책을 발견하고 심장이 터질 것 같았습니다. 책을 산후 집에 가서 그날 순식간에 다 읽어버렸습니다. 지금까지 저는 1,000여 권을 읽었지만 이것만큼 대단한 책을 보지 못했습니다. 문득 혼자 읽기에 아깝다는 생각이 들더군요. 그래서 출판사에 전화해서 수백 권을 주문하여 스티커를 보고 문의해오는 사람들에게 제가 직접 배달해주고 있습니다."

대체 얼마나 좋은 책이기에 자원하여 보급하는 일을 한단 말인가? 호기심이 발동한 나는 내게도 그 책을 갖다 줄 수 있는지를 그에게 물었다. 그는 당연하다고 했다. 약 1시간 후 그가 도착했다. 키 170cm에 65kg쯤 되는 평범한 외모였다. 나는 그가 이 책으로 돈벌이를 하고 있다고 생각했다. 하지만 그것은 나의 오해였다. 그는 이윤을 목적으로 하는 일이 아니라고 했다. 오히려 버스를 타고 다니기 때문에 시간과 물질에 손해를 보고 있었다.

그와 헤어진 후 나는 방에 틀어박혀서 책을 구경하기 시작했다. 호기심 때문에 구경이라는 표현이 어울렸다. 그런데 페이지

164

를 넘길수록 내 심장이 요동쳤다. 나도 그 책을 삽시간에 읽어버렸다. 읽으면서 몇 번을 울었는지 모른다. 황홀한 감동의 연속이었다. 세상에 이런 책이 다 있다니! 나는 그에게 다시 전화를 했다. 그리고 며칠 후 우리는 만났다.

그의 이름은 '김진수'였다. 나이는 나보다 한 살 많은 27세였다. 나는 그를 '김 선생님'이라고 불렀고, 그는 나를 '마일두 씨'라고 불렀다. 내가 그에게 물었다.

"'희망건너기'에는 기독교와 관련된 이야기가 제법 나옵니다. 저자인 '풀튼 오슬러'도 독실한 크리스천이고요. 그런데도 신앙이 없는 김 선생님이 굳이 이 책을 보급하려는 이유라도 있습니까?"

– 예, 이 책이 기독교와 관련이 있는 것은 사실입니다. 하지만 종교와 무관한 이야기도 많이 나옵니다. 이 책은 종교를 떠나 모든 사람들의 영혼을 치료하는 책이라고 생각합니다.

우리는 그 후로도 여러 번 만났다. 그런데 어느 날 그가 자신의 고충을 애기했다. 어머니를 홀로 모시고 사는 그였기에 언제까지 무직으로 지낼 수는 없다는 것이었다. 자신이 곧 회사에 취직하면 이 일을 접을 수밖에 없다고 말했다. 그는 이것을 무척 안타까워했다. 그때 나도 모르게 내 입에서 이런 말이 튀어 나왔다.

"김 선생님, 제가 그 일을 하면 어떻겠습니까? 제가 많은 사람들을 알고 있으니 그들에게 권해보겠습니다."

나는 김진수 씨로부터 남아 있는 책을 다 넘겨받아 내가 아는 지인들에게 주었다. 뿐만 아니라 책이 절판될 때까지 수많은 사람들에게 '희망건너기'를 권했다. 그 후 김진수 씨는 직장에 취직하면서 이사를 했고 소식도 끊어졌다. 나는 김진수 씨를 찾으려고 사방으로 알아보았지만 허사였다. "김 선생님, 어디에 계십니까? 꼭 연락 주십시오."

세상에 우연은 없다. 모든 것이 하나님의 섭리에 있다. 그렇다면 하나님은 왜 내게 김진수 씨를 보내주셨을까? 나도 잘 모른다. 하지만 깨달은 것이 있다. 그가 의도하지는 않았지만 일반인으로서 복음을 전했다는 것이다. 그것은 상처받은 영혼을 향한 사랑의 발로였다. 이것이 그가 칭찬받아 마땅한 일이다. 하나 더 있다. 그는 내 인생 최고의 책을 선사했다.

'프랭클린 D. 루즈벨트'의 친구이자, 미국 문학계의 살아 있는 전설로 불리는 '풀튼 오슬러'의 '희망건너기'는 현재 내가 개인적으로 선정한 '세계 최고의 책 30권' 중 1위에 올라 있다.

166

겨울에는 안식하게 하소서 — 감사

알래스카에서 온 편지 천상의 자장가 그렇게도 원망했었는데
12월의 이벤트 그래도 나는 믿는다 그때 그 일이 일어나지 않았더라면

알래스카에서 온 편지

극적인 만남은 인생의 방향을 결정짓는다. 만약 동방박사들이 별의 인도를 받지 않았다면 어떻게 되었을까? 그들은 아기로 나신 그리스도를 만나지 못했을 것이다. 동방박사들은 별을 통해 그리스도를 만났고, 그리스도로 인해 180도 다른 삶을 살았다. 알래스카에서 온 편지는 내 인생의 방향을 정해준 별이었다.

신학대학 재학시절 나는 미국에 이민 간 누나에게 편지를 자주했다. 남녀 글씨체를 모두 쓸 수 있었던 나는 누나가 감탄할 수밖에 없을 정도로 정성들여 편지를 써서 보냈다. 여백에는 만화를 그리고 말풍선에 코믹한 글도 실었다. 누나는 "너는 어쩌면 그렇게 글을 잘 쓰고 글씨도 잘 쓰니!"라고 칭찬하는 답장을 보내왔다. 당시 무엇 하나 제대로 잘하는 것이 없었던 나는 '누나가 동생 기분 좋으라고 일부러 칭찬하는 것이겠지'라고 생각했다.

그 후로도 누나가 계속 칭찬했지만 나는 개의치 않았다. 그러다 내가 예상치 못한 일이 일어났다. 일면식도 없는 재미교포들이 나에게 편지를 보내온 것이었다. 누나가 친구들에게 내 편지를 보여줬더니 그들이 감동해서 자발적으로 편지를 썼다고 한다.

누나의 친구들도 내가 글과 글씨를 잘 쓴다는 칭찬과 함께 훌륭한 목회자가 되기를 기도하겠다는 내용을 보내왔다. 하지만 나는 이것도 누나가 나를 기쁘게 해주기 위해 의도한 것이라고 생각했다.

그런데 신학대학 3학년 때인 1995년 11월 15일, '하나님께서 정말 내게 글 쓰는 재능을 주셨을 수도 있다'고 생각되는 일이 발생했다. 미국 알래스카 주에 속한 한 시市의 시장 부인이 내게 편지를 보내온 것이었다. 그녀의 이름은 '임옥선'이었다. 어찌된 일인지 알아보니 임옥선 씨가 시애틀까지 여행 왔다가 친구 소개로 누나를 만나 내 편지를 보게 되었다는 것이다. 그리고 감동해서 내게 편지를 보냈다고 한다.

임옥선 씨는 신실한 그리스도인이었다. 그녀의 남편이 전 주한 미국 대사였다고 들었다(백방으로 알아보았지만 확인할 길은 없었다). 임옥선 집사는 진정으로 나를 위하는 글을 썼다. 특히 목회자는 결혼을 잘 해야 한다고 조언했다. 나는 그 편지를 읽고 또 읽었다. 세상에 미국 알래스카에 사는 시장 부인이 알지도 못하는 내게 편지를 다 보내다니…

그 편지로 인해 나는 누나의 칭찬이 진심이었음을 알게 됐고 하나님께서 내게 글 쓰는 재능을 주셨다고 믿게 되었다. 그 후 자신감을 백배나 얻은 나는 세계 최고 수준의 일반서적들, 곧 경제경영, 자기관리, 마케팅, 리더십, 처세, 정치, 역사, 심리, 교육, 글쓰기 관련 책 수백여 권을 읽었다. 그로부터 20년이 지난 2012년에 나는 작가의 길로 들어섰다.

내가 작가가 되다니 상상도 못할 일이었다. 가족은 물론 나를 아는 사람들도 그렇게 생각할 것이다. 4남 2녀 중 제일 문제아였던 내가 목사이자 작가로 사역하게 될 줄 누가 알았겠는가. 천직은 하나님께서 사랑하는 자녀에게 주기를 원하시는 것이다. 그러므로 자신의 천직이 무엇인지 걱정할 필요가 없다. 주님께서 이끄시는 대로 가면 되기 때문이다.

임옥선 집사가 알래스카에서 시애틀로 여행을 온 것, 그녀가 누나를 만나 내 편지를 읽고 내게 편지를 쓴 것은 우연이 아니었다. 알래스카에서 온 편지는 나를 작가의 길로 인도한 하나님의 별이었다.

"여호와께서 사람의 걸음을 정하시고 그의 길을 기뻐하시나니" (시 37:23)

4장 ㅣ 겨울에는 안식하게 하소서 - 감사

천상의 자장가

행복은 작은 것, 예상치 못한 부분에서 찾아온다.

결혼은 신비한 것이다. 배우자를 찾으려고 애쓸 때는 기미도 보이지 않다가 신경을 끄고 살자 '짠!'하고 나타나니까 말이다. 나는 1998년, 대구 동부교회 청년회에 4개월 정도 다닌 적이 있다. 어느 주일에 예배를 마치고 나오는데 한 여성이 전단지를 돌리고 있었다. 낯익은 얼굴이다 싶어 자세히 봤더니 신학교 동문이었다.

"아니 전도사님이 여긴 웬일이십니까?" 반가워서 내가 먼저 인사를 드렸다.

- 어머, 마 전도사님은 어쩐 일이세요?

"예, 저는 이 교회 청년회에 잠시 다니고 있습니다."

- 아, 그래요. 저는 오늘 결혼정보회사 홍보하러 나왔어요. 신학교 졸업하고 제가 하나 차렸거든요. 마 전도사님, 언제 우리 사무실에 한 번 놀러오세요.

172

나는 며칠 후 여전도사님이 운영하는 사무실로 찾아갔다. 우리는 식사를 하고 차도 마시면서 많은 이야기를 나누었다. 마지막에 인사를 하고 나오려는데 내가 교제하는 사람이 없다는 사실을 알고 여전도사님이 내게 제안을 했다. 원래는 회비를 받지만 내게는 성사가 되면 후불로 받을 테니 등록을 하라는 것이었다. 나는 등록을 했다.

몇 달 후 내가 다시 사무실을 찾았을 때 여전도사님은 내게 두 명의 여성에 대한 정보를 주면서 그 중 한 명을 선택하라고 했다. 김 씨는 돈이 많아서 결혼하면 내가 박사과정까지 공부하도록 얼마든지 밀어줄 수 있고, 증권회사 직원 출신인 전 씨는 돈은 없지만 김 씨보다 미모가 조금 더 있고 계속 공부하기 위해 편입 시험 준비 중이라고 했다. 나는 자기계발 하는 전 씨를 택했다.

첫 만남의 자리에서 첫 눈에 반한 나는 그녀에게 교제를 신청했다. 우리는 계명대학교 도서관에서 함께 공부하며 마음껏 데이트했다. 우리는 결혼을 전제로 사귀었다. 그런데 만난 지 6개월쯤 되던 어느 날 그녀가 내게 심각한 목소리로 전화 했다.

"있잖아요. 지금부터 제 말 잘 들어요."

-어, 그래 무슨 일인데?

"저 사실은 병원에서 아기를 못 낳는다는 판정을 받았어요. 그

173

것 때문에 증권회사도 그만둔 것이고요. 그러니 원치 않으면 저
와 결혼 안 해도 돼요.”

'헉!' 순간 나는 이렇게 소리쳤다. “야 이 여자야, 진작 얘기했
으면 너하고 결혼 안하지. 이미 마음을 다 줘버렸는데 이제 와서
그런 소리하면 나더러 어떡하란 말이냐!” 물론 속으로만 그랬다.
실제로는 이렇게 말했다. “나는 결혼하면 네가 아기를 낳을 줄
믿어. 설령 아기를 못 낳는다 해도 너와 결혼할거야.”'말이 씨가
된다.'고 했다. 그로부터 한 달 후 우리는 결혼했고, 아내는 결혼
한 지 보름 만에 임신했다. 아들이었다.

아들 '하경'이는 우리 부부와 두 집안에 큰 기쁨이었다. 6개월
까지는 아내가 젖과 분유를 먹이면서 잘 키웠다. 하지만 7개월부
터는 하경이를 어린이 집에 맡겨야 했다. 나는 대학원생이었고,
아내는 대학생이었기 때문이다. 우리 부부는 아침에 헤어지는 아
기가 짠해서 밤이 되면 이산가족을 만난 것처럼 기뻐하며 사랑해
주었다.

아기들은 대부분 잠자기 전에 칭얼거린다. 하경이도 그랬다.
아기를 잠재우는 것은 아내 몫이었다. 아내는 새벽까지 칭얼대는
아기와 사투를 벌였다. 자지 않으려는 아기와, 쏟아지는 잠을 초

174

인적인 힘으로 버티면서 아기를 재우려는 아내의 싸움이었다. 그때 아내가 아기를 재우는 과정을 보면서 내 가슴이 뭉클했다. 아내가 특별한 자장가를 불렀기 때문이다.

"사랑의 하나님 귀하신 이름은 내 나이 비록 어려도 잘 알 수 있어요."

찬송가 566장에 나오는 1절 가사 내용이다. 566장은 4절까지 있지만 아내는 1절만 불렀다. 이 곡을 좀 많이 했다 싶으면 아내는 다른 자장가를 불렀다. 찬송가 564장이다.

"예수께서 오실 때에 그 귀중한 보배 하나라도 남김없이 다 찾으시리.
샛별 같은 그 보배 면류관에 달려 반짝 반짝 빛나게 비치리로다.
정한 보배 빛난 보배 주 예수의 보배 하늘나라 두시려고 다 거두시리.
샛별 같은 그 보배 면류관에 달려 반짝 반짝 빛나게 비치리로다."

아내는 아기가 잠들 때까지 이 노래들을 번갈아가며 불렀다. 아내는 자장가로 불렀지만 내게는 마치 아기가 하나님 아버지께 말하는 것처럼 들렸다. 또한 하나님 아버지께서 우리 아기를 안고 자장가를 불러주시는 것처럼 다가왔다. 내 목숨보다 소중한 우리 아기가 정말 하나님께 귀중한 보배일거라고 생각하니 감정

175

이 복받쳐 올라왔다.

아내는 이 자장가를 수년 동안 불렀다. 그로부터 6년 후 둘째 딸아이가 태어났다. 아내는 딸에게도 자장가를 불러주었다. 워낙 많이들은 자장가라서 어느 순간 내 입에서도 흘러나왔다. "사랑의 하나님 귀하신 이름은 내 나이 비록 어려도 잘 알 수 있어요." 나는 세상에서 제일 예쁜 내 딸 '현'이에게 자장가를 불러주었다. 동일한 감동이 일어났다.

4년이 또 쏜살같이 지나갔다. 그리고 2009년 12월 25일 성탄절에 하나님께서 우리 가정에 셋째를 선물로 주셨다. 아내가 40세에 낳은 딸이었다. 나는 청년회에 공모해서 딸 이름을 '한별'이라고 지었다. 아내는 한별이에게도 같은 자장가를 불러주었다. 나도 한별이에게 그 자장가를 불러주었다. 시간이 흘러 한별이가 36개월이 되었을 때다. 나는 한별이 등을 토닥이면서 자장가를 불렀다. 한 번, 두 번, 세 번…. 그때 나지막이 아기천사의 노래가 들려왔다.

"사랑의 하나님 귀하신 이름은 내 나이 비록 어려도 잘 알 수 있어요."

내 눈에서 눈물이 흘러내렸다. 나도 한별이와 함께 자장가를 몇 번이고 불렀다. 우리 아기가 잠들 때까지……

176

"사랑의 하나님 귀하신 이름은 내 나이 비록 어려도 잘 알 수 있어요."

"사랑의 하나님 귀하신 이름은 내 나이 비록 어려도 잘 알 수 있어요."

"사랑의 하나님 귀하신 이름은 내 나이 비록 어려도 잘 알 수 있어요."

"실로 내가 내 영혼으로 고요하고 평온하게 하기를 젖 뗀 아이가 그의 어머니 품에 있음같게 하였나니 내 영혼이 젖 뗀 아이와 같도다" (시 131:2)

그렇게도 원망했었는데…

　　이상하다. 원래는 이것과 전혀 다른 내용의 글을 쓰려고 했는데 문득(2013년 1월 2일 새벽 1시) 이 제목과 내용에 관한 아이디어가 떠오르니 말이다. 처음 의도했던 것보다 이것이 더 나은 것 같아서 쓴다.

　　2010년 2월, 나는 부산에 있는 한 교회에 부목사로 부임했다. 그 교회는 교역자가 사택을 구하면 전세금 일부를 지원해주었다. 모든 교역자가 교회 근처에서 사택 얻기를 원했지만 교회 주변이 주택가가 아니라서 대부분 교회에서 10분 정도 걸리는 곳에 집을 얻었다. 안타깝게도 나는 그것조차 안 되었다. 무려 두 달이나 허탕을 친 후 겨우 전셋집을 구한 게 교회에서 25분 떨어진 망미주공아파트였다.

　　망미주공아파트는 낡았지만 숲과 건물이 조화를 이루고 있어 살기 좋고, 아이들 교육에도 안성맞춤인 곳이었다. 한 가지 흠은 승용차로 출퇴근하는 데 기름이 많이 들고 교회 식당에서 매일 밥을 사먹어야 했기에 식비가 많이 든다는 것이었다. 이 문제는 내게 골칫거리였다. 나는 지출을 줄이려고 새벽기도에 나가면 퇴근할 때까지 교회에서 지냈다. 식사는 도시락으로 해결했다. 하지만 그래도 부담이 되었다. 매번 도시락밥만 먹을 수는 없었기 때문이다.

나는 '하나님께서 원하신다면 얼마든지 교회 근처에 사택을 얻게 하실 수도 있었을 텐데 부목사들 중에서 왜 나만 가장 멀리 떨어져 있는 망미주공아파트에 얻게 하셨습니까?'하고 주님을 원망했다. 집에 오면 아내에게 불평하고, 교회 가면 동료 부목사들에게 불평했다. 사택에 대한 원망과 불평은 2012년 5월까지 이어졌다. 그러다가 나는 직관을 따라 이 책을 쓰기 위해 2012년 6월 교회를 사임했다.

나는 사임하면 아내의 고향인 대구로 이사할 생각이었다. 그런데 내 뜻과 정 반대의 결과가 나와 버렸다. 장모님께서 전세금을 빌려주셔서 교회가 지원해준 돈을 돌려주는 바람에 망미주공아파트에 계속 살게 된 것이다. 교회를 사임했기에 더 이상 기름값과 식비가 들지 않았다. 그러다보니 돈 먹는 하마였던 망미주공아파트가 평화로운 안식처로 변했다. 내가 사는 곳은 그대로였지만 마음 상태는 지옥에서 천국으로 바뀌었던 것이다.

지나고 보니 망미주공아파트는 내게 최적의 장소였다. 이곳에서 평안하게 지내면서 이 책의 원고를 완성할 수 있었기 때문이

179

다. 망미주공아파트가 얼마나 좋은지 아내조차도 아파트를 사서
평생 살았으면 좋겠다고 말할 정도였다.

나는 이 말씀을 수없이 읽고, 설교할 때도 많이 인용했다. 그
런데 내가 그렇게도 원망했던 망미주공아파트가 이에 해당할 줄
은 몰랐다. 망미주공아파트는 내가 교회를 사임한 후 책 쓸 것을
미리 아신 하나님께서 2년 4개월 전에 예비하신 꿈의 집필공간
이었다.

하나님께서는 "하늘이 땅보다 높음 같이 내 길은 너희의 길보
다 높으며 내 생각은 너희의 생각보다 높음이니라(사 55:9)"고 말
씀하셨다. 우리가 원망하고 불평하는 모든 것은 실상 우리에게
가장 필요한 것이자 최고의 감사거리이다.

12월의 이벤트

사람은 언제 절망할까? 시련이 닥칠 때다. 시련은 예기치 않은 순간에 다가와서 희망을 앗아가 버린다. 그러기에 누구나 시련을 싫어한다. 그렇다면 시련에도 긍정적인 측면이 있을까? 당연하다. 시련은 고통을 가져오지만 고통은 은혜를 깨닫게 하며 은혜는 아름다운 스토리를 만들어내기 때문이다.

2011년 12월에 두 남자가 이어달리기를 하고 있었다. 그것은 우리가 생각하는 릴레이 경주가 아니었다. 주관자(신)에 의한 죽음의 레이스로 배턴 baton, 계주봉의 이름은 암 cancer 이었다. 이현승(가명) 씨가 박재원(가명) 씨에게 이 배턴을 넘겨주었다. 이현승 씨는 12월 5일 암으로 사망했고, 박재원 씨는 12월 26일 암이라는 선고를 받은 것이다.

두 가정은 공통점이 많았다. 남편들의 나이가 비슷했다. 이현승 씨는 46세, 박재원 씨는 45세였다. 이현승의 아내 김지연(가명, 41세) 씨와 박재원의 아내 김혜정(가명, 42세) 씨는 사촌이었다. 자식들도 비슷했다. 김지연 씨는 아들이 2명(초2년, 7세)이고, 김혜정 씨도 아들만 2명(초4년, 5살)이었다. 두 가장의 병명도 똑같은 위암이었다. 한 가지 다른 점이 있다면 박재원 씨는 수술하여 건강하게 살아있다는 것이다. 두 여자는 자기들의 가정에 순차적으로 일어난 사건으로 인해 망연자실했다. 그들은 왜 이런 일이 발생했는지 이해할 수 없었다.

이현승 씨는 군대에서 세례를 받고 신앙생활을 처음 시작했다. 훈련소에 있을 때 좋은 곳으로 배치 받게 해달라고 기도했더니 하나님께서 그대로 응답해주셨다. 이것이 계기가 되어 군대에서는 열심히 교회를 다녔지만 제대하면서 하나님을 떠났다. 그는 기아자동차 조립 라인 직원으로 근무했다. 그러다가 36세 때 김지연 씨와 결혼했다.

김지연 씨는 고등학교 때까지는 시골에서 신앙생활을 열심히 했었다. 고등학교 졸업 후 사촌 언니인 김혜정 씨와 함께 서울에서 직장생활을 하면서부터 교회와 멀어졌다. 32세 때 지인의 소개로 이현승 씨를 만나 결혼하면서 안산에 신혼집을 차렸다. 그러다가 같은 건물에 사는 한 여 집사의 전도로 다시 신앙생활을 하게 되었다. 2년 후 광명시로 이사했다. 그녀는 광명에서도 2년간은 신앙생활을 했지만 그 후 5년간 하나님을 떠나 살았다.

이들 부부는 남편의 안정된 직장으로 인해 별 어려움 없이 살았다. 이현승 씨는 평일에는 퇴근 후 주식을 했고, 주말에는 낚시를 하면서 인생을 즐겼다. 김지연 씨는 오직 남편과 아이들만 바라보며 평안하게 살았다. 이렇게 행복하게 살던 이들에게 2009년 2월 위기가 찾아왔다. 어느 날 이현승 씨가 속이 안 좋아 병원에 가서 내시경을 했는데 위암 2기로 판명 난 것이다.

위암 2기라는 사실에 부부는 큰 충격을 받았다. 남편은 바로 수술 했다. 회사는 1년간 휴직했다. 수술 후 부부는 교회에 등록하고 신앙생활을 하기 시작했다. 남편은 교회에 계속 다니기는 했지만 세상 미련을 버리지 못해 항암 치료를 받는 중에도 주식을 했다. 암에 걸리기 전, 주식으로 2,000만 원 날린 것에 미련이 남아 있었던 것이다. 본전이라도 찾겠다는 생각에 다시 주식에 손을 댔다가 3,000만 원을 또 날려버렸다.

김지연 씨의 신앙상태도 마찬가지였다. 남편과 함께 교회에 다니기는 했지만 형식적인 신앙생활에서 벗어나질 못했다. 1년간의 항암치료 후 남편의 몸은 건강해져서 정상인처럼 활동하고 회사에도 다녔다. 남편은 다시 낚시하러 다녔고 아내는 안이해졌다.

이런 그들에게 두 번째 위기가 찾아왔다. 2011년 6월에 암이 재발한 것이다. 부부는 아연실색했다. 3개월 단위로 검사 할 때마다 병원에서는 아무 이상이 없다고 했기 때문이다. 깜짝 놀란 것은 병원 측도 마찬가지였다. 3개월 전만 하더라도 전혀 이상이 없었는데 3개월 만에 암이 전신으로 퍼졌기 때문이다. 위암 말기인 것을 확인한 병원 측은 남편이 얼마 못 살 것이라고 했다.

위암 말기라는 진단을 받은 남편은 큰 충격을 받은 듯 했다. 그래서인지 새벽기도를 한 달 동안 계속 나갔다. 그 후 이것이냐 저것이냐의 기로에서 남편은 항암치료를 버리고 대체의학을 선택했다. 그리고 자연 속에 들어가서 나은 사람이 있다는 소식을 듣고 7월 중순에 강원도 화천에 있는 산으로 들어갔다. 오염되지 않은 청정지역에서 자연치료를 하기 위함이었다.

강원도에서는 허름한 집을 월세로 얻어 살았다. 그곳에서 등산하고 생수도 마시고 나물도 뜯어서 먹는 생활을 7월부터 11월까지 했다. 그러자 몸이 차츰 좋아졌다. 건강에 자신감이 생긴 남편은 웃으면서 "이제는 살 것 같다. 나는 안 죽는다."는 말을 아내에게 자주 했다. 그는 하나님께서 반드시 고쳐주실 것이라고 믿었다.

부부는 평일에는 강원도 산에서 밤마다 성경 읽고 찬송하며 기도했다. 주일에는 매주 4시간 30분을 운전하여 광명에 있는 본교회로 가서 예배를 드렸다. 십일조와 감사헌금도 철저하게 바쳤다. 그런데 문제가 생겼다. 위암이 재발한지 5개월 만에 몸에 심한 통증이 온 것이다. 그것도 십일조와 감사헌금을 드린 직후에 생긴 일이었다. 그 일로 남편은 딜레마에 빠졌다. "신앙 생활도 열심히 하고, 십일조도 하며, 매일 기도했는데 왜 이런 일이 생길까?"라고 아내에게 말한 것으로 보아 헌금을 바치면 고쳐주실 것이라고 생각했던 것 같다.

6개월째부터 몸의 통증이 더 심해졌다. 그러다가 11월의 마지막 날, 첫 눈이 내리던 날부터 몸에 이상이 오기 시작했다. 못 걸을 정도로 아팠고 입에서 출혈이 있었던 것이다. 남편은 출혈로 인해 심히 놀랐다. 절망하자 간도 나빠지고 혈색도 없어졌다. 남편은 결국 올 것이 왔다고 생각하는 것 같았다.

그는 아내에게 용서를 구했다. 부모님에게도 전화해서 죄송하다고 말했다. 마지막으로 새벽에 교회에 가서 지난 생활을 용서해달라고 몸부림치면서 기도했다. 교회에 다녀오고 나서 잠을 못 잘 정도로 통증이 심해지자 고려대병원에 입원했다. 입원하고 이틀은 의식이 있었는데 3일 만에 뇌출혈로 의식을 잃은 후 2011년 12월 5일 사망했다.

한편 김혜정 집사는 사촌동생인 김지연 남편의 고통과 죽음을 지켜보면서 큰 충격을 받았다. 그런데 더 큰 문제가 3주 후에 발생했다. 이번에는 그녀의 남편이 위암 초기로 진단을 받은 것이다. 이쯤 되면 김혜정 집사는 기절초풍할 수도 있었다. 하지만 웬일인지 그녀는 남편이 위암에 걸렸다는 소식을 듣고도 전혀 걱정되지 않고 오히려 평안했다.

김혜정 집사는 모태신앙인이었다. 그녀는 독실한 그리스도인이었던 모친으로 인해 어릴 때부터 꾸준히 신앙생활을 했다. 고등학교 졸업할 때까지 별 어려움 없이 살았던 그녀는 대학에 떨어지면서 처음으로 인생의 깊은 좌절을 겪었다. 그것은 크나큰 고통이었지만 그 아픔을 계기로 그녀는 겸손해질 수 있었다.

김혜정 집사의 인생에 획기적인 전환점이 된 것은 23세 때 한 성령체험이었다. 성령체험은 그녀가 서울에서 객지생활을 할 때도 오직 하나님만 의지하게 했다. 그 후 김혜정 집사는 총회신학대학교 유아교육과를 졸업하고 보습학원에서 12년 동안 수학교사로 활동했다. 그러다가 31세 때 지금의 남편 박재원 씨를 만나 결혼했다.

박재원 씨는 숭실대 재학시절 채플에 몇 번 참석한 것이 평생 기독교를 접한 것의 전부였다. 김혜정 집사가 지인으로부터 박재원 씨를 소개받을 때는 결혼할 생각이 없었다. 남편감을 구하는 그녀의 첫 번째 기도제목이 신앙인이었기 때문이다. 김혜정 집사는 아무리 좋은 조건을 갖추고 있어도 신앙이 없으면 더 이상 만나지 않겠다고 선언했다. 박재원 씨는 바로 교회에 등록했고 두 사람은 결혼했다.

결혼 전에도 부족함이 없었던 김혜정 집사는 결혼해서도 풍족하게 살았다. 대학에서 전자공학과를 전공한 남편이 대기업에 취직해서 돈을 잘 벌었기 때문이다. 박재원 집사는 현대전자에서 5년 재직 후 동료들과 벤처기업을 창업했다. 그는 편안한 것을 싫어하고 도전하며 성취하는 것을 좋아하는 사람이었다. 그러다 보니 그가 창업한 벤처기업도 승승장구했다.

겉으로 보기에 김혜정 집사 가정은 잘 나가는 듯 했다. 그런데 뭔가 이상했다. 김혜정 집사는 첫 아이를 낳은 후 6년 동안 오직 아이를 양육하는 것에만 올인 했다. 첫 아이라서 애지중지하며 온갖 투자를 다했던 것이다. 둘째 아이를 낳고 또 4년 동안 아이를 위해 세상적인 부분에 치중하며 살았다. 그러다보니 그녀의 신앙이 시들어지기 시작했다.

평소 입에서 늘 감사가 흘러나왔는데 더 큰 아파트로 이사해도 그녀는 당연하다고 생각했다. 다른 사람을 비방하는 사람이 아니었는데 친구의 허물을 들춰내고 비난하기도 했다. 기도가 안 나오고 성경도 안 읽어졌다. 신앙생활을 게을리 하고 세상 가치를 추구하는 삶을 살자 신앙의 슬럼프가 온 것이었다.

남편은 남편대로 어긋났다. 일중독자로서 오직 회사에 올인

하다 보니 퇴근 시간이 새벽 5시였다. 1주일에 5일은 술에 만취해서 살았다. 주일에 일이 있으면 예배드리다가도 회사에 갈 정도였다. 교회 중직자들의 인간적인 모습을 보면서 신앙에 회의를 가지기도 했다. 원래 인품은 함부로 이야기할 사람이 아닌데도 교회에 대해서 노골적으로 불평을 했다.

이런 삶을 살고 있던 두 사람에게 충격적인 소식이 들려왔다. 2011년 6월에 사촌동생 김지연의 남편에게 위암이 재발했다는 것이다. 김혜정 집사는 이현승 씨의 고통과 죽음을 지켜보면서 가슴이 찢어지는 것 같았다. 12월 8일 장례식을 치르고 나자 김혜정 집사는 녹초가 되어버렸다. 그런데 이렇게 힘든 시기에 그녀의 남편에게도 위암이 찾아온 것이다.

박재원 집사는 크게 좌절한 반면, 아내인 김혜정 집사는 전혀 요동함이 없었다. "네 남편이 암에 걸린 것은 내가 기뻐 받을 영광이다. 이것이 너희 가정에 복이 될 것이다"는 하나님의 음성이 마음으로 들려왔기 때문이다. 수술 날짜를 2012년 1월 6일로 잡고 기다리고 있는데 시골에 사는 김혜정 집사의 모친으로부터 연락이 왔다. 고향 교회를 건축하려고 하는데 건축헌금을 좀 내면 어떻겠냐는 것이었다. 김혜정 집사는 모친에게 말했다. "그럼 사위가 성과금을 많이 받도록 기도해줘요 헌금 많이 하게."

188

하나님께서 김혜정 집사와 모친의 기도를 들으셨을까? 회사가 어려워져서 성과금은 받지 못했지만 대신 종신보험 5천만 원을 타게 되었다. 거액의 보험금을 타자 김혜정 집사의 마음에 성전건축 헌금으로 천만 원을 드리고 싶은 생각이 들었다.

좋은 일도 한꺼번에 오나 보다. 수술 당일 날 김혜정 집사는 신비한 일을 경험했다. 보통 때에는 별로 좋아하지 않고 부르기도 어려운 찬양이 머릿속에 계속 맴돌았던 것이다. 그것은 스바냐 3장 17절 말씀인 "너의 하나님 여호와가 너의 가운데 계시니 그는 구원을 베푸실 전능자시라 그가 너로 인하여 기쁨을 이기지 못하시며 너를 잠잠히 사랑하시며 즐거이 부르며 기뻐하시리라"는 찬양이었다.

김혜정 집사는 하나님의 손길이 의사와 함께 해 주시기를 기도했다. 신기한 것은 실제로 천사가 수술실에서 함께 있음을 보여주시는 것 같았다. 그로 인해 그녀는 수술하는 시간에도 담대할 수가 있었다. 수술은 성공적이었고 남편은 9일 후 퇴원했다. 모든 것이 하나님의 은혜로 순조롭게 진행되었다. 부부는 이 모든 것에 대한 감사로 건축헌금 천만 원을 고향 교회에 바쳤다.

김혜정 집사와 김지연 성도, 두 가정에 일어난 사건은 많은 변화를 가져왔다. 김지연 성도는 남편이 죽고 난 후 살 소망을 잃을 정도로 상심이 컸다. 그녀는 아이들이 없었다면 자살했을 것이라고 했다. 김지연 성도는 남편 사후 '하나님, 성도들은 중보기도하고 우리 부부는 새벽마다 기도했는데 왜 이렇게 남편을 빨리 데려가신 겁니까?'라고 마음으로 항변했다.

그런데 시간이 흐르면서 조금씩 깨달음이 왔다. 남편이 사망하기 1주일 전에 있었던 일이다. 첫눈이 내리던 그 날 남편은 가장 고통스러워했다. 김지연 성도는 남편을 살려달라고 하나님께 간절하게 기도했다. 그리고 슬픔에 못 이겨 잠을 자다가 꿈을 꾸었다. 흰옷을 입은 사람들이 남편을 둘러싸고 있었다. 천사들인 것 같았다. 그들은 남편을 가리키며 "이 사람은 선교사다. 선교사다."라고 말했다. 그 후 남편이 사망하고 놀라운 일이 일어났다.

믿지 않는 남편의 형제들이 "동생은 진짜 크리스천 같았다"라고 말한 것이다. 예수님을 믿고 난 후 놀라울 정도로 변했기 때문이다. 그리고 독실한 불교 신자였던 시어머니가 예수님을 믿게 되었다. 부친에게는 유언처럼 교회에 나가시라고 말씀드렸다. 비록 아들이 죽기 전에 한 번 교회에 나온 것으로 끝났지만 결국 부친도 구원받을 것으로 확신하고 있다.

김지연 성도는 남편이 평안하게 살다 간 것을 감사하고 있다. 돌이켜보니 병원에 가서 항암치료를 받았으면 고통스러웠을 텐데 그것을 거부하고 산속에 들어감으로 하나님을 만나고 고통 속에서도 즐거워할 수 있었다는 것이다. 남편의 죽음을 지켜보았던 대다수의 사람들도 남편이 제일 좋은 방법으로 갔다고 그녀에게 말했다고 한다. 남편은 위암 말기로 6개월을 살다 갔지만 5개월은 건강하게 살았고 마지막 며칠 동안만 통증이 있었을 뿐이었다.

김지연 성도는 비록 보잘 것 없는 생명이지만 그 한 생명을 안 버리고 하나님께서 온전히 변화시켜서 데려가셨다는 데 큰 위로를 받았다. 이현승 성도는 진정 하나님께서 예비하신 선교사였다. 김지연 성도는 남편 사후에 보육교사 학원을 수료하고 지금은 어린이 집에서 교사로 사역하고 있다.

박재원 집사에게도 놀라운 변화가 있었다. 술과 담배를 끊었고, 퇴근을 빨리하며, 식사도 매일 집에서 하게 된 것이다. 이것은 예전 같으면 꿈도 못 꿀 엄청난 변화였다. 그 전에는 매일 남편과 얘기하는 친구가 부러웠는데 이제는 김혜정 집사도 매일 남편의 얼굴을 보고 대화하며 함께 식사할 수 있게 된 것이다. 그녀는 그동안 남편이 사회 생활하면서 수고하고 무거운 짐을 지고 정신없이 살아온 것을 보신 하나님께서 잠깐 쉬라고 병을 주신 것 같다고 했다. 남편이 고집을 꺾지 않고 계속 헛된 삶을 추구할 것 같으니까 하나님께서 남편을 살짝 건드려서 바로 잡아주셨다는 것이다.

박재원 집사의 신앙도 일취월장했다. 그는 병원에서 퇴원하자마자 주일에 바로 성가대에 섰다. 새벽기도도 매일 나갔다. 성격도 부드럽고 겸손해졌다. 실업인 선교회 부회장직도 맡았다. 그는 많은 성도들 앞에서 예전에는 오직 성공을 위해 살았지만 앞으로는 가정의 행복과 하나님의 영광을 위해서 살겠다고 다짐했다.

김혜정 집사는 어떻게 되었을까? 그녀의 가장 큰 문제는 안일함과 세상 가치를 추구하는 것이었는데 이제는 하나님 제일주의 신앙으로 바뀌었다. 그녀는 믿음의 눈으로 바라보니 모든 것이 감사한 것뿐이라고 고백했다. 특히 건축헌금을 바치고 나서 더 큰 은혜를 체험했다고 한다.

여기서 궁금한 점을 짚고 가야 할 것 같다. 왜 사촌지간인 두 가정에 암이 순차적으로 발생했을까? 이현승 성도가 먼저 위암에 걸려서 세상을 떠나고, 이어서 기다렸다는 듯이 박재원 집사가 위암에 걸린 이유는 무엇일까? 김혜정 집사는 이렇게 해석했다.

"저는 어렸을 때부터 평안한 삶을 살아왔기 때문에 고생을 모르고 자랐어요. 그래서 만약 남편에게 먼저 위암이 왔다면 제 마음 상태로는 견디지 못했을 거예요. 그런데 지연이 남편 일을 먼저 겪고 나니까 우리 남편의 문제는 아무것도 아니라는 생각이

들었어요. 하나님께서는 능히 감당할 수 있는 시험을 주신다고 했는데 이 사건은 우리 두 가정을 한 단계 업그레이드해서 복을 주시려는 과정인 것 같아요."

이 이야기는 내 후배들에 관한 내용이다. 김혜정 집사는 초등학교 1년 후배고, 김지연 성도는 2년 후배다. 2012년 5월에 두 사람과 26년 만에 연락되어 이 스토리를 전해 들었다.

모든 이야기에는 두 가지 버전이 있다. 영어 'event'는 앞서 일어난 일의 결과로 생긴 중요한 〈사건〉을 뜻한다. 위암과 그 결과는 크나큰 사건이었다. 그런데 'event'에는 무언가를 경축할 때 하는 〈행사〉라는 뜻도 있다. 전혀 다른 두 사람에게서 비슷한 일이 일어나는 현상인 이 경이로운 동시성은 슬픈 사건이 두 가정에 축제가 되게 하시려는 하나님의 섭리였다. 한 가정에는 한 알의 밀이 죽어 많은 열매를 맺게 하고, 다른 가정에는 믿음과 신앙이 반석위에 서도록 하신 것이다. 그것도 예수님이 탄생하신 12월에…

그래도 나는 믿는다

이것은 실시간 수필이다.

설상가상. 진퇴양난. 지금(2012년 12월 28일) 장인어른과 우리 가정은 이 둘에 해당하는 상황에 처해 있다. 불안하다. 인간적으로는 답이 안 보여서 어떻게 해야 할지 모르겠다. 하지만 그래도 나는 모든 것이 합력하여 선을 이루게 하실 하나님을 믿는다. 지금까지 선한 길로 인도해주셨던 것처럼…

2012년 12월 21일(금) 직장에 있던 아내가 충격적인 소식을 전해왔다. 장인어른(72세)이 몸에 이상이 생겨서 대구 가톨릭병원에 입원하셨다는 것이다. 토요일에는 하루 동안 혼수상태에 빠지셨다고 한다. 장인어른은 수십 년간 계절에 상관없이 냉수마찰을 하실 만큼 건강하게 사신 분이다. 그런 분이 갑자기 입원하셨다는 게 믿기지 않았다.

우리 가족은 성탄절에 장인어른 병문안을 갔다. 그날 장인어른은 코에 호스를 긴 채 침대에 앉아계셨다. 숨을 거칠게 내쉬긴

하셨지만 중병은 아닌 것 같아 마음이 놓였다. 병원 측에서도 병명을 아직 알아내지 못한 상태였다. 나와 아내는 장모님과 처남 부부와 2시간 정도 얘기를 한 후 장인어른께 인사를 드리고 우리 집이 있는 부산으로 내려왔다.

아내 얼굴이 밝아보였다. 나도 안심이 되었다. 우리는 아무 일 없었던 것처럼 일상생활로 돌아갔다. 그런데 오늘(28일) 오후 아내가 회사에서 청천벽력 같은 소식을 문자로 보내왔다.

"아버지, 악성 종양이라네요."

담낭암이었다. 퇴근해서 들어오는 아내는 침통한 표정이었고, 내 입에서는 자꾸 한숨이 나왔다. 이내 집안 분위기도 어두워졌다.

그게 다가 아니었다. 우리 가정에 현실적인 문제가 닥쳐왔다. 나는 올해 5월까지 부산에 있는 한 대형 교회에서 부목사로 사역하고 있었다. 그런데 하나님께서 책을 쓰라는 감동을 주셔서 6월 초에 사임을 했다. 부목사로 사역하는 한 책을 쓸 수 있는 시간적, 정신적인 여유가 없기에 하나님께서 사인을 주실 때 대책 없이 사임을 한 것이다.

우리 가정은 당장 살 수 있는 집도, 생활비도 없었다. 그런 상황일 때 장모님이 전세금을 빌려주셨다. 하나님께서는 내가 주일마다 전국교회를 다니며 설교 할 수 있도록 길을 열어주셨다. 나는 이 책에 나오는 수필 이야기를 중심으로 초청하는 교회에 가서 설교를 했다. 아내는 집에서 가까운 회사에 취직을 했다. 이로서 나는 책 쓰는 것에 전념할 수 있었다.

칼럼은 다 썼고, 이제 수필 4개만 쓰면 원고가 마무리 된다. 하지만 원고가 마무리 되어도 책이 출간되려면 시간이 더 필요하다. 이러한 시점인데 장인어른께 변고가 생긴 것이다. 가장 염려되는 것은 장인어른이다. 수술해야 하는데 체력이 많이 떨어져서 어느 정도 회복하실 때까지는 수술도 못하신단다. 다음으로 우리가 살 집도 문제다. 장인어른의 몸이 회복되어서 수술을 하시게 되면 수술비가 필요하다. 수술하려면 우리 가정이 장모님께 빌린 전세금을 빼드려야 한다. 그러면 돈 한 푼 없는 우리 가정은 어디로 가야 할지 걱정이다.

나는 세상에 일어나는 모든 일은 우연히 일어나지 않고 하나님의 섭리로 일어나는 것임을 믿는다. 그럼에도 불구하고 하필 원고가 마무리 되는 시점에서 이런 일이 일어나는 것인지 괴롭다.

대체 어떻게 돌아가는지 모르겠다. 오늘(29일) 황당한 소식이 또 들어왔다. 장인어른의 병명이 담낭암이 아니라 '하부 담관암'이란다. 담관암은 수술 하지 않으면 생존율이 6개월에 불과하고, 수술이 10위 안에 들만큼 어려울 뿐만 아니라, 12시간이나 걸리는 수술 중에 환자가 사망할 수도 있는 질병이라고 한다. 더 큰 문제는 장인어른의 혈액이 응고되지 않아 수술불가 판정을 받았다는 것이다. 결국 아내는 눈물을 흘렸다.

오늘(30일) 예배 마치고 집에 와서 인터넷을 보다가 우연히 황수관 박사 별세 소식을 접하고 깜짝 놀랐다. 얼마 전까지만 해도 황금알이라는 TV 프로그램에 출현할 만큼 건강하시던 분이었다. 그런데 오늘 급성 패혈증으로 숨졌다는 것이다. 가뜩이나 심란한 때에 이 뉴스를 보고 장인어른이 더 걱정되었다.

2013년 1월 3일. 모처럼 좋은 소식이 왔다. 장인어른의 체력이 어느 정도 회복되어서 수술 날짜가 1월 7일로 잡혀졌다는 것이다.

오늘(1월 4일) 아내가 장모님께 전화했더니 장인어른 수술이 또 연기됐다고 한다. 체력이 온전히 회복되지 않은 것이 문제였다. 수술 날짜는 잡히지 않았다. 의사는 장인어른에게 운동을 많이 할 것을 주문했다고 한다. 이제 수필 하나만 남겨두고 있다. 장인어른 수술과 내 책과 우리 가정 거처문제가 잘 해결되길 바랄 뿐이다.

1월 7일. 드디어 오늘 장인어른이 수술하신다. 장인어른 몸 상태가 어느 정도 회복되었는지 의사가 오늘 수술하기로 어제 결정했다고 한다. 우리 가정은 수술 전에 장인어른을 뵙기 위해 아침 9시에 부산에서 출발했다. 대구 가톨릭병원에 도착해보니 일본에서 직장생활 하는 처제도 와 있었다. 장인어른이 반갑게 맞아주셨다. 확실히 처음 뵐 때보다 건강해보였다. 수술은 오후 2시에 시작해서 6시쯤 마친다고 한다.

수술이 시작되고 우리는 초조하게 기다렸다. 그런데 수술 도중 의사가 보호자를 찾는 것이 아닌가? 아내는 큰 문제가 생긴 줄 알고 걱정하면서 의사와 면담했다. 의사는 개복해보니 염증이 너무 심해서 계속 수술할지 여부를 결정해 달라고 했다. 아내와 처제는 수술하는 것으로 결정했다. 수술하지 않으면 6개월 시한부 인생이 되기 때문이다.

수술은 예상 시간을 훌쩍 넘겼다. 장모님과 처남은 수술이 끝나면 알려줄 테니 우리에게 부산으로 내려가라고 했다. 우리는 오후 8시쯤에 부산으로 출발했다. 한참 고속도로를 타고 있을 때 처남에게서 전화가 왔다. 9시 30분에 수술이 끝났다는 것이다. 4시간이면 된다는 수술이 7시간 30분 걸렸다. 이제 관건은 염증이란다. 일주일 안에 염증이 잡혀야 안심할 수 있다고 했다. 일단 한시름 놓았다.

감사하게도 장인어른은 건강을 회복하셨다. 나도 2월 말까지 원고를 완성했다. 이제 출판사와 계약만 하면 되었다. 그런데 계약이 쉽지 않았다. 출판사들이 내 원고를 계속 반려했기 때문이다. 대부분 자기들과 출판 방향이 다르다는 이유였다. 조금 용기 있는 출판사들은 칼럼과 수필을 한 권의 책에 넣기에는 통일성이 떨어진다고 말했다. 어떤 출판사는 칼럼을 버리고 수필만 양을 더 추가해서 출간하면 어떻겠냐고 제안했다. 나는 단호히 거절했다.

6월까지 4개월 동안 약 50개 출판사가 원고를 반려했고, 6개 출판사가 출간을 제안해 왔다. 그런데 계약조건이 황당할 만큼 좋지 않았다. 초보 작가라서 그렇다는 것이다. 반면 계약조건이 괜찮은 출판사는 기획·편집·홍보력이 약했다. 나는 6개 출판사와도 계약하지 않았다. 출간을 안 하면 안 했지 결코 노예계약을 하지 않겠다는 게 내 의지였다.

나는 절망했다. 이제 원고를 보낼만한 출판사도 없었기 때문이다. 결국 자비출판을 계획하고 있던 어느 날 두 번째 책에 대한 아이디어가 떠올랐다. 5분 만에 읽을 수 있는 우화(어른을 위한 동화)였다. 아이디어가 폭포수처럼 쏟아져 나왔기에 원고를 이틀 만에 완성했다. 우화는 그림이 들어가는 게 좋다. 나는 메시지아트를 창안하고 세계대회에서 여러 번 대상을 차지한 한성훈 화백을 찾아가서 이렇게 말했다.

"선생님, 이 원고가 쓰레기 같다면 가차 없이 반려하시고, 마

음에 드시면 그림을 그려주십시오. 선생님과 공저자로 책을 내고
싶습니다."

한성훈 화백은 두 번 읽어보고 대단히 만족해하며 그림을 그
리기로 확답해주었다. 이 일은 출판문제로 낙심해 있던 내게 큰
위로가 되었다.

좋은 일도 연달아 일어나나보다. 며칠 후인 7월 7일 저녁 11시
41분에 이메일이 한통 왔다. 늦은 시각에 온 것이라 스팸 메일인
줄 알았는데 열어보니 출판사에서 보내온 것이었다. 나와 출판사
대표는 진주에서 만나 서로 인사 한 후, 7월 17일 계약서를 작성
했다. 10년 묵은 체증이 내려가는 기분이었다.

그런데 이날은 우리 부부에게 우울한 날이기도 했다. 3년 전에
생애 첫차로 구입한 모닝 자동차를 중고로 팔았기 때문이다. 1년
간 쉬면서 글을 쓰다 보니 카드빚이 천만 원까지 불어나 어쩔 수
없었다. 아내는 눈물을 글썽거렸다. 자식 같이 정이 들었는데 판
다고 하니 슬프다는 것이다. 610만 원에 팔았다. 나머지는 대출
받아서 갚았다.

오늘은 7월 19일이다. 첫 번째 책은 계약을 해서 곧 출간되겠

200

지만 아내는 여전히 가기 싫은 회사에 다니고 있다. 나도 계속해서 매주 초청강사로 설교하러 다닐 것이다. 우리 가정의 형편이 더 어려워질 수도 있다. 자동차도 몇 년 간 못 살 지도 모른다. 그래도…그래도…나는 믿는다. 모든 것이 합력해서 선을 이루게 하실 하나님을…

그때 그 일이 일어나지 않았더라면

내 인생은 어떻게 되었을까? 상상만 해도 끔찍하다.

20대 초반에 어머니로부터 충격적인 말을 들었다. 내가 쌍둥이였다는 것이다. 까무러칠 뻔 했다. 나보다 먼저 태어난 형은 세상 빛을 보기도 전에 죽었다고 한다. 어머니는 그를 바닷가 모래사장에 묻으셨다. 세상에 내가 쌍둥이였다니! 거친 세상을 살면서 홀로서기에 지칠 때 가끔은 '그가 살고 내가 죽었더라면 좋았을 텐데!'라는 생각도 했다.

지금은 어떨까? 전도서 9장 4절은 말씀한다. "모든 산 자들 중에 들어 있는 자에게는 누구나 소망이 있음은 산 개가 죽은 사자보다 낫기 때문이니라." 당연히 살아있는 것에 감사한다. 그때 그가 살고 내가 죽었다면 내 인생은 어떻게 되었을까?

나는 고등학교 시절 가난과 방황으로 학교를 중퇴했다. 통영에서 대구로 올라가 온갖 아르바이트를 하며 살았다. 1989년 우연히 찬미선교단과 연결되어 거기에서 베이스기타를 배웠다. 그리고 대구에 있는 한 선교단에서 베이스기타를 쳤다. 그런데 자존심이 상했다. 단원들 중에 나만 중졸이었고 대부분 대학생이었기 때문이다.

1년 후 통영으로 내려가서 검정고시 학원에 등록했다. 하지만 강의를 들어도 도무지 이해가 안 되었다. 할 수 없이 수강료도 아낄 겸 학원을 그만두고 집에서 혼자 공부했다. 영어, 수학은 거의 포기하고 암기과목 위주로 공부했다. 지금은 매 과목당 100점 만점을 기준으로 하여 전 과목 평균 60점 이상 득점하면 합격처리되지만 당시는 '과목 낙제제도'라는 것이 있었다. 40점 이하로 내려가는 과목은 다시 시험을 쳐야 했다.

1990년 4월에 1차 검정고시 시험을 쳤다. 암기과목은 패스했지만 영어와 수학은 낙제했다. 두 과목은 7월에 재시험을 쳐야했다. 그러나 자신이 없었다. 혼자 공부하는 데는 한계가 있었기 때문이다. 스스로도 절대 합격하지 못할 것이라는 사실을 알고 있었다. '몇 년 동안 계속 떨어지면 내 인생은 어떻게 될까?'라고 생각해보았다. 공포가 엄습해왔다.

7월에 요행삼아 시험을 쳤다. 영어는 점수가 나왔는데 수학이 미달이었다. 나는 심히 절망하고 낙심했다. 그런데 기적이 일어났다. 수학 시험 출제자가 만든 문제에 오류가 있었던 것이다. 교육청은 7월에 수학 시험 친 사람들을 모두 합격처리했다. 대한민

국 검정고시 역사상 전무한 일이었다. 그렇게 해서 나는 22세에 고등학교 과정을 검정고시로 패스했다. 그때 기적이 일어나지 않았다면 내 인생은 어떻게 되었을까?

1990년 8월에 검정고시 합격 소식을 들은 나는 신학대학에 들어가기로 결심했다. 역시 혼자 공부했다. 그리고 12월에 시험을 쳤다. 예상대로 떨어졌다. 후보 2순위였다. 한없이 낙심되었다. 그런데 기적이 또 일어났다. 후보 1순위 학생이 등록을 포기한 것이다. 그 때문에 나는 극적으로 등록하게 되었다. 그 기쁨은 이루 말할 수가 없었다. 그 후 나는 신학대학, 일반대학원(교육학), 신학대학원을 졸업하고 목사가 되었다. 그때 후보 1순위 학생이 등록을 포기하지 않았다면 내 인생은 어떻게 되었을까?

바울은 고린도전서 15장 10절에서 "내가 나 된 것은…오직 나와 함께 하신 하나님의 은혜로라"고 고백했다. 돌이켜볼 때 내 인생에 일어난 기적들도 오직 하나님의 은혜였다. 하나님의 은혜가 없었다면 오늘의 나는 존재하지 않았을 것이다. 〈누구에게나 세 번의 기회는 있다〉고 한다. 세 번은 상징적인 의미이지만 실제로 누구에게나 그 정도는 기회가 있다. 기회는 보통 위기와 함께 찾아온다. 그러나 갑작스레 닥친 위기를 뜻밖의 기회로 만드는 사람은 따로 있다. 바로 당신이다.

당신의 인생에도 최소 세 번 이상은 기회가 있었을 것이다. 그렇다면 이제 당신 차례다. 하나님께서 당신에게 베풀어주신 놀라운 인생 이야기를 숨겨두지 말고 공유하라. 당신의 이야기를 통해 한국 교회 성도들의 믿음과 신앙이 성장할 것이다. 이것이 이 수필을 마지막에 쓰는 이유다. 당신의 이야기를 내 이메일로 보내면 제2의 칼국수 스토리로 만들어질 것이다. 아래의 글이 당신의 신앙고백이 되길 바란다.

"그때 그 일이 일어나지 않았더라면 내 인생은 어떻게 되었을까? 상상만 해도 끔찍하다!"

2부

여우(이슈)를 잡는

—

혁신 칼럼

COLUMN ESSAY STORY

* * *

"포도원을 해치는 작은 여우들을 잡아라"

(아 2:15)

* * *

1장

동쪽에서 진리의 해가 뜨리라
— 교리

십자가의 비밀 실낙원의 역설 사탄 딜레마
영적 전쟁 이단의 정체 기도응답의 비결

십자가의 비밀

2009년 9월 식스리비전닷컴_{sixrevisions.com}에서 '토마스 하디'가 재미 있는 내용을 소개했다. 그는 〈세계적인 기업들이 만든 로고 디자인에는 어떤 상징이 숨겨져 있는가?〉라는 질문을 던진 다음 답변하는 형식을 취했다.

베스킨라빈스_{Baskin Robbins}는 이니셜(앞글자) BR 사이에 '31'이란 숫자를 고안하여 핑크색으로 표시했다. 고객에게 매달, 날마다 31종류의 아이스크림을 판매한다는 것을 의미한다.

페덱스_{FedEx}에는 E와 X 사이에 오른쪽으로 향하는 흰색 화살표가 있다. 이는 빠른 속도와 배달 서비스의 정밀도를 나타낸다.

아마존_{Amazon} 로고는 10년간 사용되고 있지만 대부분의 사람들이 로고에 숨겨진 상징의 뜻을 모르

고 있다. A~Z까지 그려진 노란색 화살표로 A에서 Z까지 웹사이트를 통해 모든 것을 '미소'로 고객이 만족하고 제안에 이르기까지 판매하는 것을 뜻한다.[5]

기업들이 회사의 로고 디자인에 사력을 다해 연구하는 이유는 무엇일까? 잘 만들어진 디자인 하나로 수천 배의 이익을 얻을 수 있기 때문이다. 기업들만 로고를 사용하는 것은 아니다. 교회도 사용한다. 그런데 세상에 내놓기가 찜찜하다. 십자가이기 때문이다. 바울은 "내게는 우리 주 예수 그리스도의 십자가 외에 결코 자랑할 것이 없으니"라고 했다. 맙소사! 많고 많은 것들 중에 하필 십자가를 자랑거리로 삼는다니 이 무슨 해괴망측한 일인가.

왜, 하나님은 로마인들이 사용하던 무시무시한 사형 틀을 기독교의 상징으로 사용하시는 걸까? 구원과 관련이 있다. "십자가의 도가 멸망하는 자들에게는 미련한 것"이지만 "구원을 받는 우리에게는 하나님의 능력(고전 1:18)"이 되기 때문이다. 그래서 바울은 "우리는 십자가에 못 박힌 그리스도를 전한다."라고 했다. 이는 매우 강력한 역설적인 로고이다.

"하나님께서는 우리를 거스르는 기록된 빚의 문서들을 우리

가운데서 취하셔서 그것들을 십자가에 못 박아 깨끗이 없애주셨습니다. 이렇게 하여 하나님께서는 세상의 주권과 능력을 꺾으시고, 온 세상 사람들에게 십자가를 통한 승리를 보여 주셨습니다."(골 2:14-15)

이 말씀은 예수님이 군대를 동원하여 세상 주권자들에게서 백성들을 구원하는 것이 아니라 죄수를 벌하는 십자가에 못 박혀 죽으심으로 그들을 죄에서 구원하셨음을 알려주고 있다. 놀라운 역설이다. 그러기에 십자가는 끔찍한 사형 틀의 상징이 아니라 구원과 승리를 나타내는 복음의 로고인 것이다.

세계적인 기업들이 선호하는 로고에는 몇 가지 특징이 있다. 첫째, 매우 독창적이다. 누구라도 공감하고 그것을 쉽게 인지할 수 있는 요소가 있을 때 빠르게 기억된다. 둘째, 포착하기 쉽지 않은 상징과 메시지를 담고 있다. 그러기 위해 로고는 간단하게 하고 인식은 높게 디자인 한다. 셋째, 한 가지는 기억하게 한다. 성공한 로고 디자인은 한 가지 특성이 있고, 그것이 소비자로 하여금 자기 브랜드의 정체성으로 인식되게 하는 기반이 되게 한다.

공교롭게도 이 모든 것을 충족하고 있는 것이 십자가다. 그리고 바로 이것이 하나님께서 십자가 로고를 사용하시는 이유다. 놀랍지 않은가? 사형 틀이 구원의 상징이라니…

실낙원의 역설

실낙원, 곧 아담과 하와가 에덴동산에서 쫓겨난 사건은 성경에서 가장 슬픈 이야기 중 하나일 것이다. 영생불멸 할 수도 있었던 존재가 단 한 번의 실수로 저주받은 인생이 되었기 때문이다. 하나님의 절대 보호 아래 무한한 자유와 행복을 누리던 자들이었다. 그런데 순식간에 지상낙원에서 가시덤불의 척박한 땅으로 쫓겨났으니 그들은 얼마나 참담했을까.

갑자기 하나님이 미워지려고 한다. 겨우 과일(선악과) 하나 따 먹었다고 사랑하는 자녀를 보금자리에서 내치시고, 그것도 모자라 천사들과 두루 도는 불 칼을 두어 두 사람이 에덴동산으로 들어갈 수 있는 길을 원천 봉쇄하셨다. 아담과 하와가 에덴동산에 있는 생명나무 열매를 따먹고 영원히 살 수도 있기 때문이라는 것이다. 너무하신다. 사랑의 하나님이 맞기는 한가. 탕자를 받아주시던 자애는 온데간데없고 비정한 하나님의 모습만 보인다. 성경은 분명 좋으신 하나님이라고 했는데 어찌 된 일인가?

참을 수 없는 궁금증은, 하나님께서 왜 아담과 하와가 생명나무 열매를 따 먹는 것을 강하게 막으셨느냐는 것이다. 자녀가 영원히 사는 것은 분명 좋은 일이다. 예수님이 이 땅에 오신 것도 우리에게 영원한 생명을 주시기 위함이라고 했다. 그렇게 좋으신 하나님이라면 생명나무 열매를 금하지 않으셔야 한다.

문득 〈죽어야 사는 여자〉라는 영화가 떠오른다. 성형외과 의사를 사랑한 두 여자에 관한 이야기다. 그들은 사랑하는 남자를 차지하기 위해서는 아름다워야 한다고 생각했다. 하지만 나이는 어찌할 수 없었다. 절망하던 그들은 어느 날 영원한 생명과 젊음의 비밀을 아는 마녀를 만나게 된다. 두 사람은 그녀가 주는 약을 먹고 전성기 때의 젊음을 회복한다. 그런데 행복할 것만 같았던 영원한 생명이 오히려 저주가 되었다. 영원히는 살 수 있지만 사고로 한 번 망가진 몸은 다시는 회복이 안 되었기 때문이다. 그들은 박사에게도 약을 먹여 자신들의 몸을 관리하게 하려는 계획을 세우지만 그는 약을 거부하고 멀리 도망가 비린다. 결국 두 여자는 37년 후 연인의 장례식에서 영원히 산다는 것의 진정한 의미를 깨닫는다.

이제야 이해가 된다. 하나님은 아담과 하와가 '죽어야 사는 여자'에 나오는 두 여인처럼 되기를 원치 않으셨던 것이다. 병들고, 사고 나고, 죄인 된 몸으로 영원히 산다한들 무슨 유익이 있겠는 가. "우리의 연수가 칠십이요 강건하면 팔십이라도 그 연수의 자랑은 수고와 슬픔뿐이요 신속히 가니 우리가 날아가나이다(시 90:10)."라고 했다. 하나님이 고해와 같은 인생의 바다에서 우리를 위해 수명을 단축시켜주셨다는 것이다. 그렇다면 에덴동산에서 쫓겨난 것은 인류에게 전화위복이 된다.

우리는 주님이 좋으신 하나님이라는 사실에 동의한다. 그러나 때로는 좋으신 하나님의 모습과 정반대로 느껴질 때 우리는 고통스러워한다. 그럴지라도 이것만은 기억하자.

"자기 아들을 아끼지 아니하시고 우리 모든 사람을 위하여 내주신 이가 어찌 그 아들과 함께 모든 것을 우리에게 주시지 아니하겠느냐" (롬 8:32)

사탄 딜레마

스탈린, 히틀러, 폴포트의 공통점은 무엇일까? 수백만 명을 죽인 희대의 악인이라는 것이다. 이들과 비교할 수 없지만 악인은 우리 주변에도 있다. 노인과 여성과 아동을 납치해 생명을 빼앗은 연쇄 살인범들이다.

이와 같은 사회악을 접하면 사람들은 분노하며 신의 존재를 의심한다. '과연 신은 있는가, 신이 있다면 어찌하여 악을 보고만 계시는가?'라고 회의한다. 기독교인도 마찬가지다. 구약시대 하박국 선지자도 하나님께 "어찌하여 악을 그대로 내버려 두십니까(합 1:3)"라고 항변했다. 하박국의 말처럼 하나님은 왜 악의 대명사인 사탄을 없애지 않고 그대로 두시는 걸까? 도둑(사탄)이 오는 것은 도둑질(영혼을)하고 죽이고 멸망시키려는 것(요 10:10)임을 알고 계시는데도 말이다. 여기서 잠시 〈청어〉 이야기를 나눠보자.

오래전 영국인들에게는 싱싱한 청어를 먹는 것이 기적에 속할 만큼 어려웠다. 그것은 어부들도 어찌할 수 없는 일이었다. 먼 북해에서 잡은 청어가 예민하여 육지에 도착하기도 전에 죽어버렸기 때문이다. 어부들은 청어를 냉동시켜 싸게 팔 수 밖에 없었다. 그런데 이런 관행을 깨고 살아 있는 청어를 파는 어부가 있었다. 동료들은 놀라워하며 비결을 물었다.

"메기가 들어 있는 통에 청어를 집어넣으면 돼"

어부들은 의외의 대답에 황당하다는 표정을 지었다. 메기가 제일 좋아하는 고기가 청어였기 때문이다. 하지만 어부들은 곧 그의 말이 사실이었음을 알게 되었다. 친구의 충고대로 했더니 청어가 메기를 피해 계속 도망 다니는 바람에 항구까지 살아서 왔던 것이다.

하나님은 힘이 없거나 우리에게 고통을 주시기 위해서 사탄이 활동하도록 내버려 두시는 것이 아니다. 하나님은 눈이 정결하셔서 차마 악을 보지 못하시는 분(합 1:13)이다. 자기 아들을 아끼지 아니하시고 우리 모든 사람을 위하여 내(롬 8:32) 주실 정도로 좋으신 분이다. 구하는 자는 누구든지 좋은 것으로 소원을 만족하게 해 주시는 분이다. 이런 하나님이 사탄을 용납하시는 데에는 보다 높은 뜻이 있기 때문이다.

사탄에게 자식들을 10명이나 잃은 욥은 하나님 앞에서 이렇게 신앙고백을 했다.

성경은 "여호와께서 온갖 것을 그 쓰임에 적당하게 지으셨나니 악인도 악한 날에 적당하게 하셨느니라.(잠 16:4)"고 말씀한다. 하나님은 악에게 시험을 받지도 않으시고 친히 아무도 시험하지 않는 분으로서 우리를 성화시키는 도구로 사탄을 사용하시는 것이다.

따라서 사탄이 우리를 시험하더라도 걱정할 필요가 없다. 하나님께서 우리가 시험 당할 즈음에 또한 피할 길을 내사 우리로 능히 감당하게 하시기 때문이다. 사탄의 조종을 받고 있는 악인들에 대해서도 불평할 이유가 없다. "진실로 악을 행하는 자들은 끊어질 것(시 37:9)"이며, 우리가 "자세히 살필지라도 없(시 37:10)"을 것이기 때문이다. 결국 그들은 "마귀와 그 사자들을 위하여 예비 된 영원한 불에 들어(마 25:41)"가게 될 것이다.

그러면 악인들은 영원히 저주 가운데 살아야 할까? 아니다. 하나님께서 이렇게 말씀하셨다.

주님은 "의인을 부르러 온 것이 아니요 죄인을 불러 회개시키러(눅 5:32)" 오신 좋으신 하나님이다. '청어와 메기'는 역사학자 토인비 박사가 즐겨하던 이야기다. 그의 말은 영적인 전투현장을 살아가는 우리에게도 교훈을 준다.

"메기 없는 삶이 편안한 삶일지는 몰라도 결코 바람직한 삶은 아니다. 메기 없는 삶은 오히려 더운 배 밑창에서 썩어가는 청어들의 삶이되기 쉽다. 당신을 괴롭히는 메기는 당신을 살아 있게 하고, 발전시키며, 성공시키기 위한 선물일지도 모른다. 고통이 있음을 기뻐하라. 그리고 피할 수 없음을 즐겨라."

사탄은 필요악이다.

영적 전쟁

우리가 사는 세상에는 꼭 기적이 아니라도 기적과 같은 신기한 일들이 많이 일어난다. 사람이 모래를 수십 년간 먹고도 살 수 있을까? 맹인이 초음파를 쏘아서 사물을 정확하게 보는 게 가능할까? 160호 모든 가정이 수백 년째 1남 1녀만 선택 출산하는 마을이 존재할까? 모두 사실이다. 1남 1녀 마을은 중국에 있는 '잔리촌'이다.

그럼 이건 어떤가? 한 사람이 산에서 손을 올리면 부하들이 전투에서 승리하고, 손을 내리면 부하들이 전투에서 패한다. 믿어지는가? 이는 성경에 나오는 실화다.

"여호수아가 모세의 말대로 행하여 아말렉과 싸우고 모세와 아론과 훌은 산꼭대기에 올라가서 모세가 손을 들면 이스라엘이 이기고 손을 내리면 아말렉이 이기더니" (출 17:10-11)

이 사건은 4차원의 영적세계에서의 전투 결과가 3차원에 속한 현실세계에 그대로 반영된다는 것을 보여준다. 따라서 현실에서 평안한 삶을 살기 원한다면 영적인 전쟁에서 승리해야 한다. "우리는 사람을 대항하여 싸우는 것이 아니라 하늘과 이 어두운 세상을 지배하고 있는 악한 영들인 마귀들을 대항하여 싸우고 있(엡 6:12)"기 때문이다. 어떻게 하면 승리할 수 있을까? '지피지기'면 '백전백승'이라 했다. 사탄의 힘, 전략, 약점을 알아야 한다.

성경은 "큰 용이 내쫓기니 옛 뱀 곧 마귀라고도 하고 사탄이라고도 하며 온 천하를 꾀는 자라(계 12:9)"고 사탄을 정의한다. 본래 사탄은 하나님께서 창조하신 최고의 피조물이었다.

"너는 기름 부음을 받고 지키는 그룹(수석천사)임이여 내가 너를 세우매…네가 지음을 받던 날로부터 네 모든 길에 완전하더니" (겔 28:14-15)

그런데 어쩌다가 사탄이 되었을까? "너 아침의 아들 계명성(라틴어, 루시퍼)이여…네가 네 마음에 이르기를 내가 하늘에 올라 하나님의 뭇 별 위에 내 자리를 높이리라 내가 북극 집회의 산 위에 앉으리라 가장 높은 구름에 올라가 지극히 높은 이와 같아지리라 하는 도다(사 14:12-14)" 아름답고 영화로워서 마음이 교만했기 때문이다(겔 28:17).

쿠데타에 실패하여 공중으로 쫓겨난 사탄은 하나님이 가장 사랑하시는 사람인 아담과 하와를 공략하려고 했다. 하지만 아담과 하와가 어떤 존재인가? 하나님이 손수 흙으로 빚으신 처음 사람으로, 죄를 모르는 자유로운 존재이고, 모든 동식물의 이름을 지을 정도로 지혜로우며, 영생불멸하는 인간이다. 때문에 아무리 사탄이라고 해도 완벽에 가까운 아담과 하와를 공략하기란 쉽지 않다. 하지만 결국 두 사람은 무너졌다. 사탄의 전략은 무엇이었을까?

어느 평화로운 마을이 공포에 휩싸였다. 영악한 늑대가 무리를 이끌고 나타나 마을을 쑥대밭으로 만들었던 것이다. 가축들은 점점 줄어들었다. 주민들은 늑대를 잡으려고 덫을 놓았지만 속수무책이었다. 대장 늑대가 덫을 피해 다니며 가축을 해쳤기 때문이다.

주민들은 이 문제를 유명한 사냥꾼에게 의뢰했다. 그런데 사냥꾼도 별 도리가 없었다. 대장 늑대는 허점이 없었기 때문이다. 그러던 어느 날 사냥꾼은 대장 늑대의 약점을 발견했다. 늑대 무리의 서열과 규칙은 엄격한데도 이상하게 대장 늑대 앞에 다른 발자국이 나 있었던 것이다. 사냥꾼이 조사해보니 그 발자국은 대장 늑대의 암컷으로 판명이 났다. 그의 여자 친구였기에 대장 늑대 앞에서 달리는 것이 허용되었던 것이다.

이제 방법은 간단했다. 사냥꾼은 암컷이 잘 다니는 길목에 덫을 설치해 놓았다. 결국 암컷이 그 덫에 걸려서 죽자 대장 늑대도 이성을 잃고 설치다가 끝내 잡혀 죽고 말았다. 대장 늑대의 약점은 그의 암컷이었다.

사탄도 사냥꾼이 대장 늑대를 잡은 것과 똑같은 전략을 사람에게 사용했다. 아담을 공략하기에 앞서 보다 약한 여자인 하와에게 접근했던 것이다. 하와의 약점은 무엇이었을까?

"여호와 하나님이 그 사람 the man 에게 명하여 이르시되 동산 각종 나무의 열매는 네가 임의로 먹되 선악을 알게 하는 나무의 열매는 먹지 말라 네가 먹는 날에는 반드시 죽으리라 하시니라 여호와 하나님이 이르시되 사람이 혼자 사는 것이 좋지 아니하니 내가 그를 위하여 돕는 배필을 지으리라 하시니라"
(창 2:16-18)

여기서 그 사람 the man 은 남자 곧, 아담을 의미한다. 하나님은 아담에게만 선악과를 금하는 명령을 하셨다. 그 후에 창조된 하와는 아담으로부터 명령을 전해 들었던 것이다. 그러다보니 하나님으로부터 직접 명령을 듣지 못한 하와는 약할 수밖에 없었다. 사탄은 이런 약점을 알고 하와가 혼자 있을 때 뱀의 형상으로 접근해서 말씀을 의심케 하고 선악과를 따 먹도록 그녀를 유혹했다. 아담은 어떻게 공략했을까? 그럴 필요도 없었다. 하와가 아담을 대신 유혹해 주었으니까. 여자는 공범을 원했고, 남자는 여자에게 넘어갔다.

사탄이 우리를 공략하는 전략도 이와 똑같다. 예수님께서는 씨 뿌리는 비유를 통해 우리를 공략하는 마귀의 전략을 알려주셨다.

"길 가에 있다는 것은 말씀을 들은 자니 이에 마귀가 가서 그들이 믿어 구원을 얻지 못하게 하려고 말씀을 그 마음에서 빼앗는 것이요" (눅 8:12)

사탄은 사람을 타락시키는 방법으로 하나님의 말씀을 떠나게 한다. 사탄은 하늘의 2인자로 창조된 존재이기에 우리는 그의 적수가 되지 못한다. 사탄은 하늘에서 불(욥 1:16)을 내리고, 사람의 마음에 악한 생각(요 13:2)을 넣는가하면, 질병(욥 2:7)을 일으킬 수도 있다. 처음 사람 아담도, 역사상 최고의 현자였던 다윗과 솔로몬도, 불의 선지자 엘리야도 사탄에게 넘어졌을 정도다. 이렇게 대단한 사탄을 어떻게 이길 수 있을까?

"우리는 어찌하여 능히 그 귀신을 쫓아내지 못하였나이까 이르시되 기도 외에 다른 것으로는 이런 종류가 나갈 수 없느니라" (막 9:28-29)

2부 | 여우(이슈)를 잡는 ─ 혁신 칼럼

   그렇다. 모세가 손을 든 것은 기도하는 것이었다. 오늘의 승패는 당신이 말씀 안에서 얼마나 기도했는가에 달려있다. 기억하라. 당신이 기도한 만큼 승리한다는 것을…．

2부 | 여우(이슈)를 잡는 ─ 혁신 칼럼

이단의 정체

세상에는 가짜들이 넘쳐난다. UFO도 가짜다. 하나님도 가짜다. 십자가도 가짜다. 이례적인 현상을 과학적으로 연구하는 연맹Association for the Scientific Study of Anomalous Phenomena: ASSAP의 회장 데이브 우드는 "UFO를 논하는 것 자체가 10년 뒤에는 완전히 사라질 수도 있다. 추측의 범위를 벗어나는 설득력 있는 증거가 없다는 것은 실제로 (UFO가) 존재하지 않는 다는 것을 시사한다."라고 말했다.

그는 "UFO 목격담의 98%는 쉽게 설명될 수 있으며 목격담만으로 증거가 되는 시기는 지났고, 이러한 현상으로부터 얻을 수 있는 결론 중 하나는 사실 (지구밖에) 아무것도 없다는 것"이라고 덧붙였다. 그 결과가 대표적인 UFO 관련 단체들인 영국 비행접시 국, 북부 UFO 네트워크, 북부 이상 현상 연구단체 등이 문을 닫았다는 것이다.[6]

기독교에도 가짜가 많다. 이단이다. 기독교에 이단이 넘쳐나는 이유는 무엇일까? 진짜를 흉내 내기 위함이다. 주님은 "많은 사람이 내 이름으로 와서 이르되 나는 그리스도라 하여 많은 사람을 미혹하리라(마 24:5)"고 경고하셨다. 심지어 이단은 "이적과 기사를 행하여 할 수만 있으면 택하신 자들을 미혹하려(막 13:22)"고 한다는 것이다.

이단은 왜 진짜를 흉내 내는 것일까? 영적으로는 사탄이 영혼을 도둑질하고 죽이고 멸망시키려는 것(요 10:10)이고, 육적으로는 자신의 욕심을 이루기 위함이다. 이단의 특징은 타락하여 스스로 악한 줄 알면서도 계속 죄를 짓고(딛 3:10), 호색하는 것을 따르며, 사람들의 돈을 착취하려고 거짓말로(벧후 2:2-3) 굳세지 못한 영혼들을 유혹(벧후 2:14) 하는데 있다.

이단을 어떻게 판별할 수 있을까?

첫째, 자칭 메시아는 다 이단이다. 주님은 분명 "나보다 먼저 온 자는 다 절도요 강도(요 10:8)"라고 하셨다. 또한 "그때에 내가 온다는 징조가 하늘에 나타날 것이니 세상의 모든 민족이 통곡할 것이다. 그들은 내가 구름을 타고 능력과 큰 영광으로 오는 것을 보게 될 것이다(마 24:30)"고 예언하셨다. 주님은 이미 부활 승천하셨고, 종말에 구름을 타고 재림하신다. 그러므로 지금 있는 자칭 메시아는 다 가짜다.

둘째, 행위를 보면 알 수 있다. 주님은 "못된 열매 맺는 좋은 나무가 없고 또 좋은 열매 맺는 못된 나무가 없느니라 나무는 각각 그 열매로 아나니 가시나무에서 무화과를, 또는 찔레에서 포도를 따지 못하느니라(눅 6:43-44)"고 가르쳐주셨다. 스스로를 그리스도라고 주장하는 사람이 선할 리는 없다. 다시 말하지만 이단의 목적은 오직 당신의 호주머니다.

셋째, 예언 성취 여부를 보면 알 수 있다. "만일 선지자가 있어 여호와의 이름으로 말한 일에 증험도 없고 성취함도 없으면 이는 여호와께서 말씀하신 것이 아니요 그 선지자가 제 마음대로 한 말이니 너는 그를 두려워하지 말지니라(신 18:22)." 이단들은 재림 날짜를 정해놓지만 그때가 되면 모두 거짓으로 드러난다. 그러면 또 날짜를 옮긴다. 그리고 또 속는다.

그러므로 우리는 "그리스도가 광야에 있다 하여도 나가지 말고…골방에 있다 하여도 믿지 말(마 24:26)"아야 한다. 이단의 해악은 이루 말할 수 없을 정도로 크다. 그런데도 하나님은 왜 이단이 활동하도록 내버려 두시는 걸까? 시험과 심판, 이 두 가지 이유 때문이다.

"너희 중에 선지자나 꿈꾸는 자가 일어나서 이적과 기사를 네게 보이고 그가 네게 말한 그 이적과 기사가 이루어지고 너희가 알지 못하던 다른 신들을 우리가 따라 섬기자고 말할지라도 너는 그 선지자나 꿈꾸는 자의 말을 청종하지 말라 이는 너희의 하나님 여호와께서 너희가 마음을 다하고 뜻을 다하여 너희의 하나님 여호와를 사랑하는 여부를 알려 하사 너희를 시험하심이니라" (신 13:1-3)

"악한 자의 나타남은 사탄의 활동을 따라 모든 능력과 표적과 거짓 기적과 불의의 모든 속임으로 멸망하는 자들에게 있으리니 이는 그들이 진리의 사랑을 받지 아니하여 구원함을 받지 못함이라 이러므로 하나님이 미혹의 역사를 그들에게 보내사 거짓 것을 믿게 하심은 진리를 믿지 않고 불의를 좋아하는 모든 자들로 하여금 심판을 받게 하려 하심이라" (살후 2:9-12)

가짜가 이렇게 많다면 무엇이 진짜일까? 하나님(대문자 God)이다. 골고다 언덕에 세워진 세 개 중 가운데 있는 십자가(요 19:18)다. 66권 성경이다.

"그러므로 우리는 들은 것(성경)에 더욱 유념함으로 우리가 흘러 떠내려가지(벗어남) 않도록 함이 마땅하니라" (히 2:1)

기도응답의 비결

어떤 물체(예, 에밀레종)든지 타격했을 때 가장 좋은 소리가 나는 곳을 '스위트 스폿sweet spot'이라고 한다.[7] 하나님이 살아계신다는 것을 어떻게 알 수 있을까? 풍성한교회 김성곤 목사는 기독교를 '기도교'라고 정의하면서 기도응답이라고 했다. 기독교에 대한 정의를 이보다 기똥차게 표현한 경우는 없을 것이다. 기도응답에도 스위트 스폿이 있다.

"그를 향하여 우리가 가진 바 담대함이 이것이니 그의 뜻대로 무엇을 구하면 들으심이라" (요일 5:14)

하나님의 뜻대로 구하는 것이다. 하나님의 뜻대로만 구하면 누구든지 응답받을 수 있다. 하나님의 뜻대로 구하는 것이란 무엇일까? 복음서에는 하나님의 뜻대로 구하여 응답받은 것에 대한 패턴이 있다. 지금부터 그 패턴을 따라가 보자.

첫째, 로드십Lordship이 있어야 한다. 맹인 거지 바디매오는 예수를 무엇으로 불러야 할지 고민했다. 예수를 따르는 많은 사람들은 그를 촌뜨기라는 뜻으로 나사렛 예수라고 말했다. 바디매오는 그들과 반대로 외쳤다. "다윗(왕)의 자손 예수여 나를 불쌍히 여기소서." 주님은 자신을 왕으로 인정한 바디매오의 눈을 뜨게 해주셨다. 예수님을 왕(주인)으로 존중해 드릴 때 그분이 왕으로서 당신의 문제를 책임져 주신다.

둘째, 가장 중요한 것을 기도해야 한다. 그리스도인들은 자신에게 가장 중요한 것이 예수님께도 가장 중요한 것인지를 잘 모르고 있다. "너희는 먼저 그의 나라와 그의 의를 구하라(마 6:33)"는 말씀 때문에 오해한 것이다. 예수님께서 바디매오에게 "네게 무엇을 하여 주기를 원하느냐"라고 질문하셨을 때 바디매오가 말했다. "주여 보기를 원하나이다." 맹인에게 중요한 것은 돈이나 밥이 아니라 보는 것이다. 시급한 것이 가장 중요한 것이다.

셋째, 구체적으로 기도해야 한다. 회당장 야이로가 예수님께 나아가 12살 된 외동딸이 죽어가니 "오셔서 그 위에 손을 얹으사 그로 구원을 받아 살게 하소서"라고 요청했다. 예수님은 야이로가 간청한대로 그의 집으로 가서서 아이의 손을 잡고 살려주셨다. 한 나병환자가 예수님께 "주여 원하시면 저를 깨끗하게 하실 수 있나이다"라고 말씀드렸다. 예수님은 "내가 원하노니 깨끗함을 받으라."고 말씀하시며 즉시 그의 병을 고쳐 주셨다. 로마 장교 백부장이 예수님께 중풍병에 걸린 하인을 고쳐달라고 간구했다. 예수님은 의도적으로 "내가 가서 고쳐 주리라"고 말씀하셨다. 백부장은 "주여 내 집에 들어오심을 나는 감당하지 못하겠사오니 다만 말씀으로만 하옵소서 그러면 내 하인이 낫겠사옵나이다"라고 말씀드렸다. 예수님은 백부장의 믿음을 칭찬하시며 "가라 네 믿은 대로 될지어다"(마 8:13)라고 선언하셨다. 하나님은 당신이 요청하는 대로 이루어주신다. 이것은 매우 특이할 만한 일이다.

넷째, 결사적으로 기도해야 한다. 한 과부가 재판장을 찾아가서 원수에 대한 원한을 풀어달라고 간청했다. 이 재판장은 하나님을 두려워하지 않고 사람을 무시하는 법관이었다. 힘없는 과부쯤이야 철저하게 무시했다. 그런데 난처한 일이 벌어졌다. 과부가 매일 찾아와서 번거롭게 하는 바람에 죽을 지경이었던 것이다. 결국 재판장은 과부의 원한을 풀어주었다. 예수님은 이 비유로 기도 응답의 원리를 가르쳐 주셨다.

"주께서 또 이르시되 불의한 재판장이 말한 것을 들으라 하물며 하나님께서 그 밤낮 부르짖는 택하신 자들의 원한을 풀어 주지 아니하시겠느냐 그들에게

235

오래 참으시겠느냐 내가 너희에게 이르노니 속히 그 원한을 풀어 주시리라"

(눅 18:6-8)

어떤 기관에서 한국의 크리스천 1,000명을 대상으로 설문조사를 했다. "당신은 하루에 얼마나 기도하십니까?"라는 질문에, '10분 이하'라고 대답한 사람이 60%였다. 그것도 식사기도를 포함한 수치다. 어떤 사람들은 식사기도 할 때조차 "하나님 땡큐, 예수님 아멘" 으로 끝낸다고 하니 그리스도인들의 기도 시간이 얼마나 심각한지 알 수 있다.

아직 가장 중요한 다섯 번째가 남아있다. 구해야 한다는 사실이다. 많은 그리스도인들이 기도 응답의 가장 기본인 구하는 것의 중요성을 잘 모르고 있다. 그들은 주님이 전지한 분이시기에 구하지 않아도 자신의 필요를 아시고 채워 주실 것으로 생각한다. 과연 그럴까? "너희가 얻지 못함은 구하지 아니하기 때문이요(약 4:2)"라고 했다.

기도는 눈에 보이지는 않지만 실제적인 것이다. 요한은 영안으로 기도의 실체를 본 후 계시록 8장 4절에 기록했다. "향연이 성도의 기도와 함께 천사의 손으로부터 하나님 앞으로 올라가는지라 천사가 향로를 가지고 제단의 불을 담아다가 땅에 쏟으매

우레와 음성과 번개와 지진이 나더라.” 지금 당신은 수고하고 무거운 짐을 지고 있는가. 주님께서 권하신다.

“구하라 그리하면 받으리니 너희 기쁨이 충만하리라” (요 16:24)

2장

서쪽에서 형통함을 보리라
— 생활

성공의 법칙   리더의 조건   들풀의 기쁨
천직의 발견(오해1)   천직의 발견(이론편)   천직의 발견(오해2)

성공의 법칙

성경에는 기상천외한 현상이 많이 나와 있다. 그 중 하나가 축지법이다. "아합이 마차를 타고 이스르엘로 가니 여호와의 능력이 엘리야에게 임하매 그가 허리를 동이고 이스르엘로 들어가는 곳까지 아합 앞에서 달려갔더라(왕상 18:45-46)." 갈멜산에서 이스르엘까지는 20km가 넘는다. 엘리야는 이 먼 거리를 마차보다 빨리 달려갔던 것이다.

성공하는 데도 빠른 방법이 있다. 우리는 왜 빨리 성공해야 할까? 세계화, 지구촌을 넘어 우주로 나아가는 초과학시대를 살고 있기 때문이다. 지금 우리는 허블우주망원경보다 10배 이상 선명한 해상도를 자랑하는 세계 최대 전파망원경 '알마ALMA'로 우주 생성 초기의 모습(137억 년 전)까지 관측이 가능하고, 어떤 조직으로도 분화가 가능한 줄기세포와 인공합성 혈액으로 생명을 연장하며, 스스로 언어를 만들어 대화하는 로봇 시대를 살고 있다.

장차는 태양의 원리인 핵융합 발전기술로 무한청정에너지를 얻고, 빛의 전자기파를 이용한 새로운 엔진 시스템으로 우주를 항해 하며, '궁극의 제조기술'로 불리는 나노 기계가 조립하는 꿈의 공장 출현으로 인류가 급진적 풍요를 맛보는 날이 도래(20-30년 내)할 것이다. 나노기술은 원자를 조립해 물질을 생산하기에 고장이 없고, 부서져도 형상기억 합금으로 복원되며, 성능이 뛰어난 물건을 싼값에 생산할 수 있는 혁신적인 제조공정이다.[8]

이처럼 자고 일어나면 세상이 변해있을 정도로 빠른 시대를 어떻게 대처하고 선도할까? 성경은 "지혜로 행하여 세월을 아끼라(골 4:5)"고 말씀한다. 지혜는 무엇일까? "철 연장이 무디어졌는데도 날을 갈지 아니하면 힘이 더 드느니라 오직 지혜는 성공하기에 유익하니라(전 10:10)" 끊임없는 자기계발이다. 이것이 미래시대를 준비하고 리드하는 비결이다.

"빠르고, 쉽고, 확실한 방법으로 사람들이 발전하도록 돕는다." 이것은 나의 사명선언문이다. 불확실성과 무한경쟁 시대에 빠르고, 쉽고, 확실하게 성공하는 방법을 제안한다.

첫째, 독서광이 되어야 한다. 1909년, 노벨화학상을 수상한 독일 물리학자 '오스트발트Ostwald'는 역대 노벨상 수상자들과 성공하는 사람들의 특징을 조사해서 발표했다. 두 가지 특징이 나왔는데 그 중 하나가 〈독서광〉이었다는 것이다. 우리는 에디슨이 말한 것처럼, 그저 좋은 책들은 읽지 말고 그 분야 최고의 책들만 읽어야 한다. 읽은 만큼 성공한다.

둘째, 글쓰기 기술을 연마해야 한다. 하버드 졸업생들은 현재 그들이 하고 있는 일에서 가장 중요한 것이 무엇이라고 생각할까? '로빈 워드'는 박사 논문에서 이 질문에 대한 답을 얻고자 1977년 이후의 졸업생을 대상으로 조사를 했다. 그 결과 90% 이상의 졸업생이 12가지 기술 중 '글 잘 쓰는 기술'을 선택했다. 어떻게 하면 글을 잘 쓸 수 있을까? 사설을 하루 한 개씩 3년간 베껴 쓴 후 칼럼과 수필 쓰기를 연습하면 큰 진전이 있을 것으로 본다.

셋째, 전문 분야에 집중해야 한다. 세계적인 경영사상가 '말콤 글래드웰'은 저서 『아웃라이어』outliers 에서 "성공은 무서운 집중력과 반복적인 학습의 산물로, 타고난 소질이 있는 자기 분야에서 불타는 열정을 가지고 최소한 1만 시간 동안 노력할 때 누구나 달성할 수 있다"고 했다. 1만 시간은 매일 3시간씩 10년을 투자해야 하는 시간이다.

넷째, 성경을 100독해야 한다. 하나님은 모세와 여호수아와 다윗에게 당부하실 말씀이 많았지만 "오직 여호와의 말씀을 주야로 묵상하고 그 모든 명령을 지켜 행하라"고 하셨다. 그렇게 하면 '세계 모든 민족 위에 뛰어나고 형통하게 하신다(신 28:1)'는 것이다. 이들은 그대로 실천하여 위대한 인물이 되었다. 하루 33장씩 10년 동안 읽으면 100독 한다.

누구나 성공을 원하지만 아무나 성공하지 못하는 이유는 무엇일까? 잘못된 방법을 사용하거나, 올바른 방법을 알아도 실천하지 않기 때문이다. 현재 당신은 새끼 호랑이다. 우주시대에 뒤쳐지지 않으려면 성인 호랑이가 되어야 한다. 여기서 멈추면 안 된다. 우주시대에 앞서가기를 원한다면 호랑이 등에 날개를 달아야 한다.

독서하면 성공한 사람들의 성장마인드를 소유하게 된다. 『Read & Grow Rich』의 저자 '버크 헤지스'는 "글을 쓰는 기술이야말로 지금껏 발명된 기술 중 최고의 기술이다."라고 했다. "1만 시간은 위대함을 낳는 매직넘버로 이때 우리 뇌는 최적의 상태가 된다(말콤 글래드웰)." 성경 100독 하는 것보다 확실한 것은 없다. 네 날개로 성공하기를 기원한다.

리더의 조건

"지배 rule 하려는 자는 있어도 지도 lead 하려는 자는 없다!"[9]

이것보다 리더십의 부재를 정확하게 표현하는 말이 또 있을까? 이 말처럼 누구나 리더가 되고 싶어 한다. 하지만 리더는 아무나 되는 것이 아니다. 리더십이라는 자격 조건이 필요하다. 세계 최고의 리더십 전문가 '워렌 베니스'는 "리더는 태어나는 것이 아니라 만들어지는 것이다."라고 했다. 그의 주장대로라면 리더의 길은 모두에게 열려 있는 셈이다.

리더십은 어디에서 나오는 것일까? 대부분의 사람들은 리더십이 파워(힘), 권력(돈), 외모에서 나올 거라고 생각한다. 과연 이것이 사실인지 함께 살펴보자.

역사상 가장 강력한 힘을 가진 사람은 '삼손'이다. 그는 사자를 염소 새끼를 찢는 것 같이 하였고, 블레셋의 거대한 성 문짝들을 어깨에 메고 가사에서 64km 거리에 있는 헤브론 산꼭대기까지 가져갔으며, 나귀의 턱뼈로 적군 1,000명을 쳐 죽일 정도로

245

힘이 장사였다. 하지만 그는 독불장군 헤라클레스일 뿐이었다. 이스라엘 백성을 통합해서 적과 싸우려고 하기 보다는 적국 여자의 치마폭에 놀아나다 눈이 뽑혀 비참하게 죽는 신세가 되고 말았다.

권력은 어떤가? 유사 이래 최고의 부를 소유한 사람은 '솔로몬'이다. 그는 전무후무한 신적 지혜로 막대한 부를 모았고, 그 부로 절대 권력을 손에 쥘 수 있었다. 그러나 그도 1천 명의 왕비들에게 빠져 사리를 제대로 분별 하지 못하는 사람으로 전락했다.

외모가 잘난 사람은 끌리는 맛이 있다. 성경에서 가장 잘 생긴 사람은 다윗의 아들 '압살롬'이다. 그가 얼마나 잘 생겼던지 성경이 "온 이스라엘 가운데에서 압살롬 같이 아름다움으로 크게 칭찬받는 자가 없었으니 그는 발바닥부터 정수리까지 흠이 없음이라(삼하 14:25)"고 소개할 정도였다. 압살롬 미의 대명사인 그의 머리카락은 약 2.5kg 이나 될 정도로 길고 아름다웠다. 하지만 압살롬의 조각 같은 외모도 그의 목숨을 지켜주지는 못했다. 잘생긴 외모로 백성의 마음을 훔쳐서 부왕 다윗에게 반역하다가 죽임을 당했기 때문이다.

246

이것이 리더십에 대한 일반적인 생각이다. 진짜 리더십은 어디에서 나올까? 백과사전에는 리더십이 "조직의 목적을 달성하기 위해 한 사람이 구성원들을 일정한 방향으로 이끌어 성과를 창출하는 능력"이라고 되어 있다. 그렇다면 리더는 조직의 목적을 달성하기 위해 방향을 설정하는 비전부터 제시해야 한다. 비전에서 리더십이 나오기 때문이다. 단, 온전한 비전이 되기 위해서는 가치있고 불가능하게 보이는 목표를 설정해야 된다. 그런데 진정한 리더십은 비전만 제시하는 것으로 끝나지 않는다. 조직이 원대한 비전을 이룰 수 있도록 동기를 부여할 수 있어야 한다. 말을 물가로 끌고 갈 수는 있어도 말에게 물을 마시게 하기는 어려운 것처럼 리더도 조직을 움직이려면 구성원들로부터 신뢰를 얻어야 한다.

어떻게 하면 조직이 리더를 신뢰하게 할 수 있을까?

모세는 죽기 전에 이스라엘 백성을 약속의 땅 가나안으로 인도할 리더를 보내달라고 하나님께 기도했다. 하나님은 여호수아를 모세의 후계자로 지명하시면서 그 이유를 말씀하셨다.

"눈의 아들 여호수아는 그 안에 영이 머무는 자니 너는 데려다가 그에게 안수하고…네 존귀를 그에게 돌려 이스라엘 자손의 온 회중을 그에게 복종하게 하구성원들은 성령 충만한 사람을 신뢰하고 따른다. 성령 충만한 사람에게서 리더십이 나오기 때문이다. 또한 리더십은 섬김에서 나온다. 이는 예수님께서 직접 하신 말씀이다.

"너희 중에 누구든지 크고자 하는 자는 너희를 섬기는 자가 되고 너희 중에 누구든지 으뜸이 되고자 하는 자는 너희의 종이 되어야 하리라" (마 20:26-27)

당신도 리더가 되기를 원하는가? 그렇다면 비전을 제시하고, 성령으로 충만하며, 섬기는 자가 되라!

들풀의 기쁨

음료수는 병(캔)에 왜 조금 부족하게 들어 있을까? 만약 가득 채운다면 어떻게 될까?

모든 사람들의 가장 큰 관심사는 뭐니 뭐니 해도 money, 곧 먹고 사는 문제일 것이다. 성경은 "사람의 수고는 다 자기의 입을 위함(전 6:7)"이라고 했고, 매슬로우 Abraham Maslow 도 인간의 5단계 욕구계층 이론 중 제 1단계를 생리적 욕구(의식주에 대한 욕구)라고 했다. 가난은 고통과 상처를 남긴다. 오죽하면 탈무드조차 "세상의 그 어떤 것도 가난보다 비참하지는 않다. 가난은 모든 고통 중에서 제일 끔찍한 것이다."라고 했겠는가.

가난하면 이웃과 친구뿐만 아니라 형제에게도 미움(잠 19:7)을 받고, 채주의 종(잠 22:7)이 되고, 자신의 장기를 팔기도 하고, 굶어 죽기도(잠 10:15) 하며, 스스로 목숨을 끊기도 한다.

그리스도인들은 먹고 사는 문제에 대해 어떤 자세를 가져야 할까? 예수님은 목숨을 위하여 무엇을 먹을까 몸을 위하여 무엇을 입을까 염려하는 사람들에게 교훈을 주시려고 까마귀와 들풀을 비유로 드셨다.

"까마귀를 생각하라 심지도 아니하고 거두지도 아니하며 골방도 없고 창고도 없으되 하나님이 기르시나니 너희는 새보다 얼마나 더 귀하냐" (눅 12:24)

"백합화를 생각하여 보라 실도 만들지 않고 짜지도 아니하느니라 그러나 내가 너희에게 말하노니 솔로몬의 모든 영광으로도 입은 것이 이 꽃 하나만큼 훌륭하지 못하였느니라" (눅 12:27)

미물에 불과한 까마귀와 백합화가 무엇을 알겠는가. 이들은 계획성도, 준비성도 없지만 하나님께서 친히 먹을 것을 준비해주시고, 훌륭하게 입혀주신다고 했다. 주님은 여기서 끝내지 않고 결론을 말씀해주셨다.

"오늘 있다가 내일 아궁이에 던져지는 들풀도 하나님이 이렇게 입히시거든 하물며 너희일까 보냐 믿음이 작은 자들아 너희는 무엇을 먹을까 무엇을 마실까 하여 구하지 말며 근심하지도 말라…너희 아버지께서는 이런 것이 너희에게 있어야 할 것을 아시느니라"(눅 12:28-30)

생존은 믿음의 문제라는 것이다.

이제 알겠는가. 당신은 어떠한 형편에 처해 있든지 결코 망하지 않는다. 전능하신 하나님이 당신의 아버지가 되시기 때문이다. 그분은 당신의 필요를 아시고 채워주신다고 약속하셨다. 그러므로 지금 헤어날 수 없다고 생각할 만큼 위기상황일지라도 염려하지 마라. "시험 당할 즈음에 또한 피할 길을 내사 너희로 능히 감당하게(고전 10:13)" 하실 것이다.

음료수가 병에 꽉 차 있지 않은 이유는 제조 중 이동할 때에 내용물이 쏟아지지 않도록 하려는 것과 온도가 올라갈 때 탄산가스와 이산화탄소가 뚜껑을 터뜨리지 못하도록 방지하기 위함이다. 하나님께서 인생 문제를 해결해 주실 때도 2%는 남겨 두신다. 왜일까? "다만 너희는 그의 나라를 구하라 그리하면 이런 것들을 너희에게 더하시리라(눅 12:31)" 당신을 예수 안에 거하게 하고 그것으로 복을 주시기 위함이다.

그런데 까마귀와 들풀 중 누가 더 행복했을까? 까마귀는 움직일 수 있기에 혼자 힘(자기의)으로 먹을 것을 구하거나 위험을 피할 수 있었지만, 들풀은 오직 하늘만 바라봐야 했다. 들풀은 은혜로 사는 사람이다. 은혜로 살기에 감격스러운 것이다. 살다보면

"땅을 파자니 힘이 없고, 빌어먹자니 부끄(눅 16:3)"러울 때도 있을 것이다. 그럴 때 들풀을 생각하라.

천직의 발견 (오해 1)

　세상에 존재하는 모든 것은 각자 역할이 있다. 오늘 피었다 지는 들풀은 왜 창조하셨을까? 무엇을 입을까 염려하는 사람들에게 예수님께서 비유(눅12:28)로 사용하시기 위함이다. 귀엽지도 않은 까마귀는 왜 만드셨을까? 가뭄과 왕의 위협으로부터 숨어 있는 엘리야(왕상 17:2-7)에게 떡과 고기를 배달하기 위함이다. 그 흔한 조약돌은 왜 만드셨을까? 다윗을 통해 골리앗(삼상 17:40, 49)을 죽이기 위함이다. 예쁘지도 않은 손수건은 왜 만드셨을까? 바울을 통해 귀신을 쫓아내고 병든 사람(행 19:11-12)을 고치기 위함이다.

　하지만 정작 만물의 영장인 사람들은 자신의 역할을 잘 몰라서 스트레스를 받고 있다. 20세 이상, 성인들이 직면하는 가장 큰 도전 중 하나는 자아실현 할 천직을 발견하는 일이다. 천직이 중요한 것은 내가 존재하는 이유, 곧 내 삶의 목적과 직결되기 때문이다. 그런데 천직을 발견하는 것이 쉽지 않다. 나이 들어 발견하는 사람이 있는가 하면 죽을 때까지 찾지 못하는 사람도 있다. 천직을 찾으려면 우선 이 오해부터 풀어야 한다.

"내 비전은 오직 복음을 전하는 것입니다."

비전이 무엇이냐고 물으면 젊은 그리스도인들은 왜 이렇게 대답하는 것일까? 목회자들이 "그러므로 너희는 가서 모든 민족을 제자로 삼아 아버지와 아들과 성령의 이름으로 세례를 베풀고 내가 너희에게 분부한 모든 것을 가르쳐 지키게 하라(마 28:19- 20)"는 예수님의 지상 대 명령의 말씀을 인생 최고이자 삶의 유일한 목적으로 잘못 가르치고 있기 때문이다. 이는 선교는 거룩하지만 일 job 은 세속적인 것으로 인식하는데서 기인한다.

고린도전서 12장 29절은 "다 사도이겠느냐 다 선지자이겠느냐 다 교사이겠느냐 다 능력을 행하는 자이겠느냐"라고 말씀한다. 고린도전서 12장 17절도 말씀한다. "만일 온 몸이 눈이면 듣는 곳은 어디며 온 몸이 듣는 곳이면 냄새 맡는 곳은 어디냐" 그리스도인들이 다 선교사만 된다면 농사는 누가 짓고, 정치는 누가 하며, 경제활동은 누가 하겠느냐는 뜻이다.

이와 같이 잘못된 직업관으로 인해 기독대학생들의 위상은 추락했다. 그들이 선교를 명분으로 학업에 소홀히 하는 사이, 일반

254

대학생들은 우수한 성적으로 졸업하여 대기업이나 고위 공무원에 취직했기 때문이다. 마태복음 5장 16절은 말씀한다. "너희 빛이 사람 앞에 비치게 하여 그들로 너희 착한 행실을 보고 하늘에 계신 너희 아버지께 영광을 돌리게 하라"

박태환 선수가 세계적인 수영선수권대회에서 4개의 금메달을 딴 것보다 더 놀라운 소식은 그가 크리스천이라는 사실이다. 우리나라가 자랑하는 세계적인 선수가 크리스천이라는 사실만으로도 전도지 수천 장을 뿌리는 것보다 큰 효과가 있다.

만인 제사장설이 누구나 성직자로 부르셨다는 뜻이 아니듯 주님의 지상 대명령도 누구나 선교사로 부르셨다는 의미가 아니다. 모든 그리스도인들의 궁극적인 사명은 복음을 전하는 것이지만 각자 소명 받은 자리와 사역은 다름을 알아야 한다. 우리 모두는 하나의 선교대학(영혼구원목적)에 다니고 있는 전공(농업, 회사원, 의사, 군인 등)이 다른 학생들이다.

천직의 발견(이론편)

당신의 심장을 뛰게 만드는 천직을 어떻게 찾을 수 있을까? 먼저 소명 calling 과 사명 mission 의 개념과 차이점을 알아야 한다. 소명은 부르심(職직)이고, 사명은 임무다. 요나는 선지자로 소명받았다. 하지만 그의 사명은 앗시리아의 수도 니느웨에 복음을 전하는 것이었다. 바울은 목회자로 부름 받았다. 그러나 그의 사명은 이방인들에게 복음을 전하는 것이었다. 따라서 사명을 이루라고 하나님께서 우리를 부르셨다(소명)는 사실을 알 수 있다.

특이한 것은 소명은 한 번 받지만 사명은 여러 개일 수도 있다는 점이다. 모세는 선지자로 부름 받았지만 그의 사명은 이스라엘 백성들을 이집트의 노예생활에서 탈출시켜 약속의 땅 가나안으로 인도하는 것과 모세 오경(창세기, 출애굽기, 레위기, 민수기, 신명기)을 기록하는 것이었다. 요점은 소명과 사명이 천직이 되어야 한다는 것이다.

사명은 어떻게 알 수 있을까? 마태복음 25장에 달란트 비유가 나온다. 주인이 타국에 갈 때 그 종들을 불러 한 사람에게는 금

5달란트를, 한 사람에게는 2달란트를, 한 사람에게는 1달란트의 사업자금을 주고 떠났다. 그리고 오랜 후에 그 종들의 주인이 돌아와 그들과 결산한다는 이야기다. 여기에서 주인은 하나님을, 종은 우리를, 달란트는 재능을, 사명은 달란트로 장사하여 이익을 남기는 것을 의미한다.

이 비유에서 중요한 것은 정도의 차이는 있지만 하나님께서는 누구에게나 재능을 주셨다는 사실이다. 문제는 주님께서 내게 어떤 재능을 주셨는지 모른다는 것이다. 대부분 여기에서 좌절한다. 하지만 자신의 재능은 의외로 쉽게 발견할 수 있다.

미국 스콜리 블로토닉 연구소는 1960년부터 1980년까지 20년 동안 '직업선택 동기에 따른 부의 축적 여부'를 조사하여 결과를 발표했다. 연구소는 미국 아이비리그대학 MBA 졸업생 1,500명에게 사회에 첫발을 내디딜 때, 무엇을 직업이나 직장 선택의 기준으로 삼겠느냐고 물었다. 응답자 중 83%인 1,245명은 '월급이 많고 승진이 빠른 직장'이라고 답했고, 17%인 255명은 자신이 좋아하는 일을 선택하겠다고 답했다. 20년 후 이들을 추적해보니 놀랍게도 101명이 백만장자가 되어 있었다. 그중 100명은 자신이 좋아하는 일을 선택한 사람들이었고, 1명만이 돈을 많이 버는 일을 선택한 사람이었던 것이다.[10]

　재능은 재주와 능력이 합쳐진 말이다. 창의성 계발과 혁신 분야의 세계적인 리더인 '켄 로빈슨'은 저서 『엘리먼트』에서 '타고난 소질과 개인의 열정이 만나는 지점에서 재능이 단련된다.'고 했다. 이 지점은 무엇일까? 내가 가장 잘 할 수 있고, 좋아하는 일, 곧 특기와 취미다. 특기와 취미가 바로 하나님께서 당신에게 주신 재능(달란트)이다.

　전도서 3장 22절은 "나는 사람이 자기 일에 즐거워하는 것보다 더 나은 것이 없음을 보았나니 이는 그것이 그의 몫이기 때문이라"고 말씀한다. 잘하고 좋아하는 일이기에 즐겁게 일할 수 있고, 즐겁게 일하기에 능률이 오르는 것이다. 그렇다면 특기와 취미를 살려 천직을 삼아야 한다. 진리는 단순하다. 천직은 소명, 사명, 특기, 취미가 교차하는 지점에 있다.

천직의 발견(오해 2)

"하나님께서 내게는 1달란트만 주셔서 속상해요!"

안타깝게도 많은 그리스도인들이 자신에게는 달란트를 적게 주셨다고 생각하며 하나님을 원망한다. 1달란트 받은 종도 그랬다. 그는 주인이 자신에게 제일 적은 달란트를 준 것에 대해 그를 '굳은 사람'으로 오해했다. 인정이 없는 나쁜 사람이라는 것이다. 결국 그는 비교, 열등감, 원망, 게으름, 실패에 대한 두려움으로 인해 달란트를 땅속에 묻어 버렸다. 달란트의 진정한 가치와 의미를 몰랐기 때문이다.

지구상에서 가장 열등한 생물이 있다면 아마 지렁이일 것이다. 오죽하면 하나님도 "지렁이 같은 너 야곱아(사 41:14)"라고 하셨겠는가. 지렁이는 눈, 귀, 다리가 없다. 그럼에도 지렁이는 어떤 척박한 땅도 옥토로 변화시켜버리는 능력을 가지고 있다. 지렁이 한 마리는 1년에 약 10kg의 흙을 먹고 배설한다. 이는 지렁이 1만 마리가 100톤의 흙을 옥토로 만들 수 있는 양이다. 실제

259

로 지렁이 양식 공장에서는 3천만 마리의 지렁이로 하루 10톤가량의 유기성 폐기물을 처리하고 있다. 하찮은 지렁이에게도 가치 있는 재능을 주셨는데 하나님의 형상을 닮은 사람에게는 얼마나 무한한 능력을 주셨겠는가!

2002년, 일본 정부는 벤처기업 붐을 조성하고자 창업자금을 대거 지원했다. 정부는 일인당 창업자금으로 1,000만 엔(1억 5천만 원)을 책정했다. 이는 벤처기업을 창업하기 위한 적정 수준의 50%에 해당하는 금액이다. 일본 정부가 생각하는 벤처기업용 창업자금은 3억이라는 것이다. 그렇다면 1달란트는 얼마일까? 바로 3억이다.

1달란트는 6000데나리온이다. 1데나리온은 노동자의 하루 품삯에 해당한다. 하루 품삯을 50,000원으로 계산하면 1달란트는 (50,000원×6,000데나리온=)3억이다. 하나님께서 우리에게 아무리 적어도 3억에 해당하는 재능을 주셨다는 것이다. 1달란트는 250만 원을 받는 월급 10년분이다. 이 정도면 벤처사업도 할 수 있을 만큼 충분한 자금이다.

로마서는 "하나님의 은사와 부르심에는 후회하심이 없느니라(롬 11:29)."고 말씀한다. 하나님께서는 달란트의 종류나 양에 상관없이 각자에게 최적의 달란트를 주셨다. 그런 의미에서 달란트는 곧 당신이다. 하나님께서 당신에게 달란트를 주신 이유는 무엇일까? 당신의 삶에 의미를 부여하고, 풍요롭고 윤택한 삶을 살게 하려고 최고의 선물로 주신 것이다.

그런데 재능(달란트)을 알아도 천직과 연결시키는 일은 어려울 수 있다. 그럴지라도 포기하지 마라. 하나님께서 달란트를 주신 것은 하나님의 나라를 위해서 반드시 사용하시기 위함이다. 고린도전서 2장 11절은 말씀한다. "이와 같이 하나님의 일도 하나님의 영, 외에는 아무도 알지 못하느니라." 성령님께 끈질기게 구하라 그러면 찾게 될 것이다.

당신 자신이 하찮게 느껴지는가? 지렁이 같은 야곱을 향한 하나님의 비전이 있다. "보라 내가 너를 이가 날카로운 새 타작기로 삼으리니 네가 산들을 쳐서 부스러기를 만들 것이며 작은 산들을 겨 같이 만들 것이라(사 41:15)" 이것은 당신을 향한 말씀이기도 하다. 그렇다면 당신의 인생에 한계를 긋지 마라. 당신은 평범한 지렁이가 아니라 태산을 쳐서 부서뜨리는 이가 날카로운 새 타작기이기 때문이다.

3장

남쪽에서
영혼이 성장하리라
– 신앙

로드십 혁명　초상집 마인드　경건의 유익　행복한 2인자
최고의 보물　영혼의 가치　하나님의 저울

로드십_{Lordship} 혁명

어미 게는 아기 게에게 옆으로 걷지 말고 똑바로 걸으라고 했다. 엄마 청개구리는 말썽꾸러기 아들에게 "내가 죽으면 산에 묻지 말고 저 앞 냇가에 묻어 주려무나."라고 했다. 아빠 레밍(나그네쥐)은 자식들에게 후손들이 불어나 함께 살 수 없을 만큼 많아지면 절벽에서 투신하라고 유언했다. 그래서 어떻게 되었을까?

아기 게는 "엄마도 똑바로 못 걸으면서!"라고 따졌다. 청개구리는 심히 고민하다가 결국 눈물을 흘리면서 냇가에 무덤을 만들었다. 레밍들은 그 때부터 개체 수가 폭발적으로 증가하면 절벽에서 뛰어내렸다.

이들의 행동을 어떻게 생각하는가? 아기 게는 총명해서 엄마에게 논리적으로 주장했다. 청개구리는 멍청한 짓을 한 것임에 틀림없다. 엄마가 유언했다고 냇가에 무덤을 만드는 경우가 어디 있는가. 레밍들은 너무 맹목적이다. 자기 목숨을 잃으면 유언이고 뭐고 소용이 없지 않은가. 이제 당신 차례다. 누가 옳은 행동을 한 것인가? 아마 당신은 아기 게라고 생각할 것이다. 이것이 대부분의 사람들이 갖는 합리적인 생각이기 때문이다. 그러면 하나님은 이것을 어떻게 생각하실까? 잠시 궁금증을 뒤로하고 솔로몬의 공사현장으로 가 보자.

"솔로몬이 예루살렘 모리아 산에 여호와의 전 건축하기를 시작하니 그 곳은 전에 여호와께서 그의 아버지 다윗에게 나타나신 곳이요 여부스 사람 오르난의 타작마당에 다윗이 정한 곳이라" (대하 3:1-2)

이스라엘 백성들의 숙원인 성전을 솔로몬이 건축하기 시작했다고 나온다. 그런데 특이한 것은 솔로몬이 예루살렘에 있는 모리아 산에 성전을 건축한다는 점이다. 그 이유는 더 흥미롭다. 언젠가 하나님께서 모리아 산에 성전을 건축하라고 계시하셔서 부왕 다윗이 그곳을 성전 터로 정했다는 것이다. 대체 모리아 산에 무슨 사연이 있었기에 하나님께서 친히 그곳을 성전 터로 정하신 걸까? 이것을 알기 위해서는 솔로몬(BC. 968년) 때로부터 약 1,000년 전으로 타임머신을 타고 가봐야 한다. 함께 여행을 떠나보자.

노인 한 명이 보인다. 무슨 일이지? 꼭두새벽인데 노인이 소년 1명과 하인 2명을 조용히 깨우더니 아무도 모르게 그곳을 빠져나

간다. 이어서 나귀를 타고 3일 동안 80㎞의 광야를 가로질러 어디론가 가고 있다. 그런데 웬일인지 노인의 얼굴이 밝지 않다. 낮에는 여행하는 내내 소년을 연민의 눈길로 바라보는가 하면, 밤에는 모두가 자고 있을 때 소리 없이 울면서 기도하는 것이 아닌가. 그러다 3일째 되는 날 해발 750m 되는 한 산에 도착했다. 하인들에게는 나귀와 짐을 지키게 하고, 노인은 소년과 함께 산 정상의 큰 바위가 있는 곳으로 올라갔다.

앗 안 돼! 노인이 갑자기 소년을 묶더니 바위 위에 올려놓고 칼로 내리치려고 한다. 그 때 천사의 목소리가 들려왔다. "그 아이에게 네 손을 대지 말라 … 네가 네 아들 네 독자까지도 내게 아끼지 아니하였으니 내가 이제야 네가 하나님을 경외하는 줄을 아노라" 이미 알고 있었겠지만 노인은 다름 아닌 아브라함이었다. 3일 전에 하나님께서 아브라함에게 "네 아들 네 사랑하는 독자 이삭을 데리고 모리아 땅으로 가서 내가 네게 일러 준 한 산 거기서 그를 번제로 드리라"고 말씀하셨기에 주저 없이 순종한 것이다.

이것이 로드십이다. 하나님께서 왜 굳이 예루살렘 모리아 산에 성전 건축하기를 원하셨는지 알겠는가. 인류 역사상 최고의 제사(예배)를 드렸던 장소에서 이스라엘 백성들이 하나님을 예배

하며 아브라함의 절대 헌신을 본받게 하려는 것이다. 인간적으로 볼 때 아브라함은 청개구리 같이 어리석고 이해되지 않은 행동을 했다. 분명 정신병에나 걸린 행동이었다. 그런데 하나님은 이런 아브라함의 행동을 최고의 로드십(주,왕)으로 보신 것이다. 로드십의 핵심은 절대 순종에 있다. 병사들만이 절대적으로 순종한다. 당신은 그리스도의 병사인가? 그렇다면 이 땅에 혁명을 일으키라. 로드십의 혁명을 … .

"병사로 복무하는 자는 자기 생활에 얽매이는 자가 하나도 없나니 이는 병사로 모집한 자를 기쁘게 하려 함이라"(딤후 2:4)

초상집 마인드

심심하다. 뭐 재미있는 거 없을까? 퀴즈 놀이를 해 보자!

1. 연못에 있는 금붕어들은 왜 죽었을까? – 연못과 100m 떨어져 있는 성에서 불이 났다. 금붕어 한 마리가 친구들에게 성에 불이 났으니 호수로 피신하자고 말했다. 그들은 들은 체도 안했다. 결국 금붕어는 혼자 호수로 갔고, 연못에 남아 있던 친구들은 모두 죽었다. 연못에 있는 금붕어들은 왜 죽었을까?

2. 당신이라면 누구를 태우겠는가? – 대기업에서 출제한 면접 문제다. 당신은 밤에 운전하고 있다. 인적이 드문 산골에서 세 사람을 발견했다. 의사, 중환자, 이상형이다. 중환자는 생명이 위급한 상태다. 당신 차에 한 사람만 태울 수 있다면 누구를 태우겠는가?

3. 워싱턴 대통령 이야기 – 이것은 실화다. 워싱턴 대통령은 67세에 외출했다가 비를 맞고 감기에 걸렸다. 대통령은 호흡기 감염으로 사경을 헤맸다. 의사들은 대통령을 회복시키려고 최선

을 다했지만 좀처럼 나아지지 않았다. 그들은 최후의 수단으로 대통령의 피를 조금 뽑았다. 그래도 나아지질 않자 피를 조금 더 뽑고, 더 뽑고, 더 뽑았다. 결국 미국의 초대 대통령은 피가 모자라서 죽었다. 이 이야기에서 연상되는 단어는 무엇인가?

위 세 이야기는 공통으로 무엇을 말하고 있는가?

금붕어들이 죽은 이유는 성 주민들이 불을 끄기 위해 연못에 있는 물을 몽땅 퍼 날랐기 때문이다. 몇 마리는 바스켓 속에 들어가 불구덩이에 던져졌고, 일부는 길에 떨어졌고, 나머지는 연못에 있는 물이 바닥나서 죽었다.

2번 문제에서 당신은 순간적으로 딜레마에 빠질 수 있다. 당신이 꿈에 그리던 이상형을 태운다면 중환자가 죽을 것이고, 중환자를 태운다면 이상형과는 영원히 이별이다. 이상적인 결과는 중환자를 살리고, 이상형도 만나는 것이다. 어떻게 하면 될까? 답은, 의사가 당신 차에 중환자를 태워서 가게하고, 당신은 이상형과 남는 것이다.

내 짐작이 맞는다면 당신은 3번 이야기에서 '멍청이'라는 단어를 떠올렸을 것이다. 그렇지 않은가. 당대 최고의 의사들이 피에 나쁜 것이 들어 있다고 생각했다니 기가 막히다.

세 이야기는 지혜와 지식의 가치를 말하고 있다. 지식이 부족해서 망하는가 하면(호 4:6), 지혜로 성공하기도 한다(전 10:10). 지혜는 진주보다 귀하여 우리가 사모하는 모든 것으로도 비교할 수 없는 것이다(잠 3:15). 이러한 지혜는 어디에서 얻을 수 있을까?

"지혜자의 마음은 초상집에 있으되 우매한 자의 마음은 혼인집에 있느니라"(전 7:4)

솔로몬은 초상집에서 지혜를 얻을 수 있다고 한다. 이상하다? 성경은 항상 기뻐하라고 하지 않았나? 그리고 초상집에서 무엇을 배운단 말인가? 솔로몬이 누구인가. 하나님으로부터 신적 지혜를 얻은 역사상 최고의 현자다. 그는 인간이 소망하는 것은 모두 누려 본 사람이다. 그의 말은 경험에서 나왔기에 헛소리가 아닐 것이다. 그렇다면 뭔가가 있지 않을까? 그래도 이해가 안 되면 당신이 직접 초상집에 한 번 가보라! '백문이 불여일견'이라 했다.

"초상집에 가는 것이 잔칫집에 가는 것보다 나으니 모든 사람의 끝이 이와 같이 됨이라 산 자는 이것을 그의 마음에 둘지어다"(전 7:2)

경건의 유익

〈도토리 키 재기〉라는 말이 있다. 비슷비슷하여 견주어 볼 필요가 없다는 말이다. 검지와 약지의 길이도 도토리 키 재기에 불과하다. 따라서 아무도 이것에 신경 쓰지 않는다. 그런데 이 두 손가락 차이로 운명이 결정될 수도 있다면 얘기가 달라진다.

20세기까지 누구도 관심 갖지 않았던 이 문제는 영국 센트럴 랭커셔 대학의 인체생물학자 '존 매닝' 교수가 과학적으로 접근하면서 반향을 일으켰다. 그는 성호르몬과 손가락 길이를 연구하는 세계적인 권위자다. 그는 자신의 책『핑거북』에서 태아가 '테스토스테론'이라는 남성호르몬에 노출되는 양의 정도에 따라 검지와 약지의 길이가 결정되며, 남성과 여성, 신체와 건강, 성격과 성 정체성, 직업, 그리고 성공에까지 영향을 미친다고 했다.

테스토스테론에 많이 노출된 태아는 남자로, 적게 노출된 태아는 여자로 발달한다. 테스토스테론 농도가 높으면 약지가 길어지고, 에스트로겐(여성호르몬)의 영향을 받으면 검지가 길어진다.

272

성별 구분 없이 약지가 길면 남성적인 기질이, 검지가 길면 여성 적인 기질이 나타났다. 남자 같은 여자, 여자 같은 남자가 있는 것도 바로 이 때문이다.

손가락 길이는 재능과 능력에도 차이를 가져온다. 매닝이 조사한 결과에 의하면 약지가 긴 사람은 수학, 물리학, 공학, 음악에 재능이 있고, 축구나 달리기 같은 스포츠 능력이 뛰어났다.[11] 태릉선수촌 국가대표 여자선수 70명도 대부분 약지가 길었다.[12] 반면 검지가 긴 사람은 언어능력이 발달하고 섬세한 성격이었다.

매닝 교수가 주장하는 손가락 비율은 과학적으로 일리가 있다. 하지만 절대적인 것은 아니다. 그러기에 손가락 차이가 우리의 운명을 결정하지도 않는다. 오히려 우리 인생에 크게 영향을 끼치는 것이 있다. 경건훈련이다. 겨우 1cm도 안 되는 손가락 길이가 인생에 영향을 준다고 했는가. 경건은 이것과 비교할 수 없는 유익을 준다고 성경이 약속하고 있다.

오직 하나님을 섬기는 경건한 일에 스스로를 훈련시키십시오. 육체의 운동은 약간의 도움을 주지만 하나님을 섬기는 경건의 훈련은 모든 일에 유익합니다. 경건은 이 세상에서의 생명뿐 아니라 앞으로 올 세상에서의 생명도 약속해 줍니다(딤전 4:8).

　그렇다면 경건이란 무엇일까? 당신은 경건을 세상과 담 쌓고도 닦는 것쯤으로 생각할 것이다. 경건은 그런 것이 아니다. "하나님 아버지 앞에서 정결하고 더러움이 없는 경건은 곧 고아와 과부를 그 환난 중에 돌보고 또 자기를 지켜 세속에 물들지 아니하는 그것이니라(약 1:27)." 이것이 경건의 본질이다. 경건은 우리에게 희생만을 강요하지 않는다. 세상 모든 가치를 버리고 주를 따른 제자들과 우리에게 예수께서 약속하셨다.

"나와 복음을 위하여 집이나 형제나 자매나 어머니나 아버지나 자식이나 전토를 버린 자는 현세에 있어 집과 형제와 자매와 어머니와 자식과 전토를 백배나 받되 박해를 겸하여 받고 내세에 영생을 받지 못할 자가 없느니라" (막 10:29-30)

　당신은 무엇에 관심을 갖겠는가. 손가락 길이인가, 영원을 결정하는 경건훈련인가?

행복한 2인자

"2인자로서 할 만큼 했다!"

언젠가 서울의 현직 부구청장들 5명이 줄줄이 사직서를 낸 일이 있었다. 그해 6월 치뤄질 지방선거 구청장 자리에 도전하기 위해서다.[13) 기약 없이 2인자의 자리에 만족하려니 아마 신물이 났을 것이다.

이와 같이 누구도 2인자를 원하지 않는다. 1인자의 그늘에 가려 아무도 알아주지 않기 때문이다. "쇠꼬리보다 닭대가리가 낫다"는 속담도 이래서 생겨났을 것이다. 그런데 2인자이면서도 행복한 사람이 있다. 세례 요한이다. 그는 예수가 나타나기 전까지는 절대적인 1인자였다. 광야에서 설교를 하는데도 온 유대 사람들이 다 그에게 나아와 자기들의 죄를 회개하고 요단강에서 세례를 받을 정도였다. 하지만 예수가 그리스도로 출현하자 그는 예수께 1인자의 자리를 미련 없이 양보하고 2인자로 만족했다. 그의 마음이 잘 나타나 있는 고백이다.

세례 요한이 예수를 1인자로 섬기는 것은 사실 쉬운 일이 아니었다. 예수는 세례 요한의 사촌 동생이었기 때문이다. 그러니 얼마나 기가 막혔을까. 29세까지 자신을 형이라고 부르면서 따르던 예수를 어느 날 성령님이 그리스도라고 말씀하셨으니 말이다. 당신이라면 사촌동생을 주님이라고 쉽게 부를 수 있겠는가? 세례 요한은 달랐다.

그는 그리스도의 앞길을 예비하는 것을 최대 사명으로 여겼다. 그리고 자신이 역사의 무대에서 사라져야 할 때를 알았다. 그는 예수 그리스도의 2인자로 쓰임 받는 것을 기뻐하며 순교했다. 언젠가 세계적인 학자들이 모여 '인류 역사상 최고의 리더는 누구인가?'를 연구했다. 종교에 상관없이 절대다수가 모세를 선택했다. 하지만 예수님은 단호하게 "여자가 낳은 사람 가운데서 세례자 요한보다 더 큰 인물은 없었다.(마 11:11)"고 말씀하셨다.

마태복음 25장에 한 달란트(재능) 받은 종이 나온다. 그는 자신이 받은 달란트가 너무 적다고 생각하여 땅을 파고 그 주인의 돈을 감추어 두었다. 열등감에 빠져 달란트를 활용하지 않은 것이다. 오랜 후에 주인이 돌아와 결산할 때 악하고 게으른 종이라고

276

책망했다. 오늘날 대부분의 사람들도 한 달란트보다 다섯 달란트를 받기를 원한다. 이름 없는 사람보다 유명한 사람으로 쓰임받기를 원한다. 평신도보다 목사와 장로와 리더로 세워지기를 원한다. 2인자보다 1인자가 되기를 원한다는 것이다. 이런 우리에게 성경은 이렇게 말씀하신다.

“다 사도이겠느냐 다 선지자이겠느냐 다 교사이겠느냐 다 능력을 행하는 자이겠느냐” (고전 12:29)

“만일 온 몸이 눈이면 듣는 곳은 어디며 온 몸이 듣는 곳이면 냄새 맡는 곳은 어디냐” (고전 12:17)

그렇다. 1인자가 있으면 2인자도 있는 법이다. 모두가 1인자가 될 수 없듯이 모두가 2인자가 될 수도 없다. 2인자라고 쓸모없는 것은 아니다. 1인자가 될 수 있는 것은 2인자가 있기 때문이다. 모두가 1인자라면 사회가 어떻게 유지되겠는가?

세례 요한은 행복한 2인자였다. 예수 그리스도를 위해 1인자의 자리를 과감히 버리고 충성했더니 주님께서 인류 역사상 최고의 2인자로 인정해 주셨기 때문이다. 우리도 주님 앞에서 모두

2인자다. 아무 것도 바라지 않고 "살든지 죽든지 내 몸에서 그리스도가 존귀하게 되(빌 1:20)"기를 충성한다면 "오직 하나님이 몸을 고르게 하여 부족한 지체에게 귀중함을 더해(고전 12:24)" 주실 것이다. 때로 1등만 기억하는 더러운 세상이라는 생각이 든다면 이 말을 기억하자. "하나님은 2등도 기억하신다." 그렇다면 당신은 행복한 2인자다. 축하한다!

최고의 보물

현존 최고의 보석은 무엇이며 그 값은 얼마나 할까? 미국 '스미스소니언' 협회가 소유하고 있는 '블루 호프 다이아몬드'로 약 2,000억 원이라고 한다. 겨우 45.52캐럿, 가로 2.56cm, 높이 1.2cm에 불과 하는데도 세계 최고가가 된 것은 일반적인 다이아몬드보다 훨씬 귀한 팬시 컬러인데다, 그 중에서도 보기 드문 파란색 다이아몬드이기 때문이다.

'메릴린 먼로'가 "다이아몬드는 여자들의 영원한 친구"라고 말할 만큼 가치가 높은 이유는 무엇일까? 첫째, 아름답기 때문이다. 투명함에서 발산하는 광채는 경외감마저 들게 한다. 둘째, '영구성'이다. 지구에서 가장 단단한 광물로서 화초의 짧은 수명과는 달리 그 아름다움이 지속된다. 셋째, '희소성'이다. 쉽게 얻을 수 없는 것은 상대적으로 그 가치가 높다. 넷째, '유용성'이 낮은데 있다. 다이아몬드가 금보다 가치 있는 것은 다이아몬드의 희소성에 따라 이용가능성이 낮기 때문이다. 이런 이유로 다이아몬드는 여자들의 마음을 사로잡는다.

이쯤 되면 당신도 블루 호프 다이아몬드가 갖고 싶을 것이다. 과연 그럴까? 이 다이아몬드를 가장 먼저 소유한 루이 14세는 단 한 번 착용했음에도 불구하고 천연두로 사망했다. 이 보석을 물려받은 루이 16세는 프랑스 혁명 때 단두대의 이슬로 사라졌다. 영국 은행가인 헨리 필립 호프가의 가문은 파산했다. 미국 언론재벌 에드워드 매클린의 9세 아들은 교통사고로 숨졌고, 딸은 20대 나이에 수면제 과다복용으로 목숨을 잃었으며, 본인도 신경쇠약을 앓다 정신병원에서 사망했다. 결국 뉴욕의 보석상 해리 윈스턴이 1958년에 이 다이아몬드를 스미스소니언 박물관에 기증하여 되물림 되는 저주가 끝나게 된 것이다.[14)

아무리 값진 다이아몬드라도 저주를 몰고 다니고, 단지 눈으로 보는 것이 전부라면 그것을 가진들 무슨 유익이 있겠는가. 하나님께서는 우리에게 다이아몬드와 비교할 수 없을 만큼 귀한 보물을 주셨다. 이 보물은 다이아몬드와 반대되는 특성을 가졌다. 아름답지 않고, 희귀하지 않으며, 유용성이 높다. 하지만 세세토록 존재하며 유익만 준다. 그것은 무엇일까? 이 보물을 알기 위해서는 몇 가지 전제조건이 필요하다. 객관성을 유지하기 위해 성경에서 찾아야 한다는 것과 하나님께서 믿음의 선조들에게 공통적으로 강조하신 것이 무엇인지를 알아야 한다는 것이다. 모세부터 시작해보자.

"네가 네 하나님 여호와의 말씀을 삼가 듣고 내가 오늘 네게 명령하는 그의 모든 명령을 지켜 행하면 네 하나님 여호와께서 너를 세계 모든 민족 위에 뛰어나게 하실 것이라" (신 28:1) – 모세

"이 율법책을 네 입에서 떠나지 말게 하며 주야로 그것을 묵상하여 그 안에 기록된 대로 다 지켜 행하라 그리하면 네 길이 평탄하게 될 것이며 네가 형통하리라" (수 1:8) – 여호수아

"복 있는 사람은…오직 여호와의 율법을 즐거워하여 그의 율법을 주야로 묵상하는도다… 그가 하는 모든 일이 다 형통하리로다" (시 1:1-3) – 다윗

역사를 돌아보면 보물은 쉽게 찾을 수 없는 곳에 감추었다. 하나님께서도 보물을 가장 깊숙한 곳에 숨겨놓으셨다. 그곳은 어디일까? 성경 66권 중에서 가장 중앙에 위치하는 부분은 시편 119편이다. 119편은 모두 176절로 성경 전체에서 가장 길다. 다섯 절을 제외한 171절 각 절마다 율법이라는 의미를 지닌 율법동의어 곧, 율법, 증거(교훈), 판단(심판), 율례, 말씀, 법도, 계명, 도(길), 규례(공의)가 반드시 사용되고 있다. 총 주제가 성경 묵상이다.

가장 중앙에 숨겨두시고, 가장 긴 시편 119편을 통해 반복해서 설명하신 것은 그것이 가장 중요하기 때문이다. 하나님께서 모세, 여호수아, 다윗 그리고 오늘날 우리에게 당부하고 싶으신 것은 오직 하나, 성경을 묵상하라는 것이다. 우리 영혼의 구원과 건강의 회복과 삶의 문제를 해결할 수 있는 유일한 비결은 "내 발에 등이요 내 길에 빛이며, 내 입에 꿀보다 더 달고, 천천 금은보다 좋고, 진주보다 귀하여, 우리가 사모하는 모든 것으로도 비교할 수 없는" 주님의 말씀을 묵상하고 지키는 것이기 때문이다. 성경은 성령님께서 인류에게 주시려고 친히 모으신 지상 최고의 보물이다.

"너희는 여호와의 책에서 찾아 읽어보라 이것들 가운데서 빠진 것이 하나도 없고 제 짝이 없는 것이 없으리니 이는 여호와의 입이 이를 명령하셨고 그의 영이 이것들을 모으셨음이라" (사 34:16)

영혼의 가치

인간은 어디에서 와서, 왜 살며, 어디로 가는 것일까?

1970년대 말, 예일 대학교 '헤럴드 모르위츠' 교수는 한 사람의 몸을 만드는데 비용이 얼마나 드는지 계산해 보았다. 그는 사람의 생명체를 구성하는 재료인 단백질, 효소, RNA, DNA, 아미노산 같은 생화학물질을 모두 수집해서 우리와 같은 생명을 만들려면 약 6천조 달러가 필요하다고 결론지었다. 6천조 달러는 인류(1년에 약 63조 달러)가 95년 동안 벌어들이는 수입이다. 이는 사람의 생명 가치를 계량적으로 보여주려는 재미있는 시도이다.

하지만 나는 이 수치에 동의하지 않는다. 사람에게는 돈으로 환산할 수 없을 만큼 귀중한 영혼이 있기 때문이다. 그래서 예수님도 "사람이 만일 온 천하를 얻고도 제 목숨을 잃으면 무엇이 유익하리요 사람이 무엇을 주고 제 목숨과 바꾸겠느냐"(마 16:26)라고 말씀하셨다. 그렇다면 한 영혼의 가치는 얼마나 될까? 영혼에 대한 재미있는 일화가 있다. '던컨 맥두걸'Duncan Macdougall, 1866- 1920

283

박사가 한 실험이다.

맥두걸 박사는 '영혼 역시 하나의 물질'이라는 가설 아래 '사람이 죽은 뒤 정말로 영혼이 육체를 떠난다면, 물리적으로 그 실재를 측정할 수 있을 것'이라고 생각했다. 그는 초정밀 저울로 임종 환자의 무게를 측정했다. 그 결과 사람이 숨질 때 반드시 체중이 준다는 사실을 알아냈다. 땀, 소변 등의 수분과 폐에 들어 있던 공기가 신체에서 빠져나가기 때문이란 것이다. 박사는 이 부분에 주목했다. 환자 6명의 몸무게를 측정한 결과 수분과 공기를 합한 무게보다 21g이 더 줄었다는 것이다. 박사는 그 21g이 영혼의 무게라고 주장했다. 그는 "숨진 환자의 몸에 인위적으로 숨을 불어 넣어봤지만 한번 줄어든 21g은 다시 회복되지 않았다"며 "떠나간 영혼의 존재를 인정하지 않고 어떻게 이 현상을 설명할 수 있겠느냐"고 했다.[15]

웃음이 나온다. 지극히 상식적인 것인데도 과학자라는 사람의 생각이 이러하니 말이다. 맥두걸 박사의 주장대로라면 귀신의 몸무게가 21g이라는 말인데 이는 이치에도 맞지 않는다. "영은 살과 뼈가 없(눅 24:39)"어서 무게도 없기 때문이다. 따라서 영혼의 무게가 21g이라는 주장은 영혼이 물질이라는 가설을 억지로 꿰어 맞추려고 해서 빚은 해프닝이다.

진리는 "모든 영의 아버지(히 12:9)"가 되시는 하나님께서 "사람들에게는 영원을 사모하는 마음을 주셨(전 3:11)"고, 때가 되면 "영은 그것을 주신 하나님께로 돌아가(전 12:7)" 선악 간에 심판을 받게 된다는 것이다. 그렇다면 자기 영혼에 깊은 관심을 가져야 한다. "하나님은 모든 사람이 구원을 받으며 진리를 아는 데에 이르기를 원하시(딤전 2:4)"기 때문이다.

'에프 쉰'은 "우리가 가치 있는 인간이기에 하나님이 우리를 사랑하시는 것이 아니다. 하나님이 우리를 사랑하시기 때문에 우리가 가치 있는 인간이 된 것이다."라고 했다. 한 영혼은 하나님께서 "자기 아들을 아끼지 아니하시고 우리 모든 사람을 위하여 내 주(롬 8:32)"실 만큼 가치가 있다. 당신 영혼이 예수님의 목숨과 바꿀 만큼 가치가 있다면 당신이 예수님의 사랑을 받아들이지 않을 이유가 없다.

"그리스도께서도 단번에 죄를 위하여 죽으사 의인으로서 불의한 자를 대신하셨으니 이는 우리를 하나님 앞으로 인도하려 하심이라" (벧전 3:18)

하나님의 저울

어떻게 금속이 민들레 씨앗보다 가벼울 수 있을까? 2011년 미국 UC어바인 대학 연구팀인 HRL 랩과 캘리포니아 테크놀러지 연구소 과학자들이 전 세계에서 가장 가벼운 금속을 만들어냈다. 이 금속은 스티로폼보다 100배나 가볍고 민들레 위에 올려놓아도 씨앗들이 흩어지지 않을 정도라고 하니 상상이 안 간다. 초경량 물질의 비밀은 머리카락 ¼₀₀₀ 두께의 벽으로 둘러싸인 속이 빈 튜브들을 마이크로 격자형으로 연결한 독특한 나노 구조에 있다고 한다. 이 물질은 99.99%가 공기로 채워져 있고 나머지 0.01%만 금속이다.[16]

아예 무게가 없는 사람의 행위는 어떻게 평가할까? "여호와는 지식의 하나님이시라 행동을 달아 보시느니라(삼상 2:3)"고 했다. 하나님도 사람을 판단하실 때 저울을 사용하신다. 그 예가 구약 3대 의인 중 한 사람으로 인정받은 다니엘(5장) 시대에 있었다. B.C. 550년 신 바벨론제국 최후의 왕인 벨사살은 그의 귀족 천명을 위하여 큰 잔치를 베풀고 그 천명과 더불어 술을 마셨다. 문제는 언제나 과할 때 발생한다.

벨사살은 선왕인 느부갓네살이 예루살렘 성전에서 탈취하여 온 금, 은그릇을 가져오라고 명하여 그것으로 술을 마시고는 그 금, 은, 구리, 쇠, 나무, 돌로 만든 신들을 찬양했다. 그때 벨사살의 얼굴이 흙빛으로 변했다. 어디선가 사람의 손가락들이 나타나서 왕궁 촛대 맞은편 석회벽에 글자를 쓰는 것을 목격했기 때문이다. 게다가 그것은 왕의 눈에만 보였다.

왕은 크게 소리 질러 술객과 갈대아 술사와 점쟁이를 불러오게 하고 바벨론의 지혜자들에게 그 글자를 읽고 해석하게 했지만 아무도 글자를 읽지 못하며 그 해석을 왕께 알려 주지 못했다. 마지막으로 다니엘이 부름을 받고 와서 글자를 읽고 해석 했다. 그것은 "메네 메네 데겔 우바르신"으로 하나님이 왕을 저울에 달아 보니 부족함이 보여 왕의 나라의 시대를 세어서 그것을 끝나게 하셨고 왕의 나라를 나누어서 메대와 바사 사람에게 준다는 뜻이었다. 그날 밤 메대 사람 다리오가 벨사살을 죽이고 왕 위에 오르므로 이 예언은 성취되었다.

하나님은 장차 우리도 저울에 달아보시고 심판하실 것이다. 베스트셀러 『저 높은 곳을 향하여』의 저자인 고 박용규 목사는

1987년 고혈압으로 쓰러진지 10일 만에 심장이 멈추었다. 육신은 의식불명이었지만 영으로는 천사의 인도로 천국과 지옥을 방문했다. 예수님은 박 목사를 환영하신 후 다섯 가지 질문을 하셨다고 한다. "성경을 몇 번 읽었느냐? 헌금을 얼마나 했느냐? 전도를 몇 명 했느냐? 십일조를 어떻게 했느냐? 기도를 얼마나 했느냐?"

박 목사는 성경을 150독 한 것, 교회를 개척할 때 전 재산을 바쳤을 뿐만 아니라 1년 동안 사례비를 받지 않고 사역한 것, 직·간접으로 전도하여 세례를 준 사람이 1,026명이었던 것, 십일조보다 많은 십일조를 한 것에 대해서는 예수님께 칭찬을 받았다. 하지만 기도는 책망을 받았다고 한다. 가난하고 병들고 어려울 때는 열심히 기도했는데 큰 교회 유명한 목사가 되면서 바쁘다는 핑계로 기도를 게을리 했다는 것이다.

박용규 목사가 이런 질문을 받았다면 우리도 심판대 앞에서 똑같은 질문을 받을 가능성이 많다. 두 가지 의문점이 생길 것이다. 첫째, 예수님은 왜 이 다섯 가지를 선택하셨을까? 이유는 모른다. 중요한 것은 예수님께서 이것들을 기뻐하신다는 것이다. "난 네가 기뻐하는 일이라면 뭐든지 할 수 있어"라는 노래처럼 주님께서 기뻐하신다면 원없이 해 드리자.

둘째, 다섯 가지의 충분한 기준은 무엇일까? 혹시 우리도 박용규 목사처럼 전 재산을 바치고 1,000명 이상 전도해야 할까? 아니다. "무릇 많이 받은 자에게는 많이 요구할 것이요 많이 맡은 자에게는 많이 달라 할 것이니라(눅 12:48)"고 하셨다. 당신이 받은 달란트에서 갑절을 남기면 된다. 갑절을 남길 수 있는 방책을 가르쳐 주겠다. "너는 마음을 다하고 뜻을 다하고 힘을 다하여 네 하나님 여호와를 사랑하라(신 6:5)" 하나님을 사랑하면 된다.

다섯 가지는 그리스도인의 의무이지만 천국에서는 상급을, 이 땅에서는 복을 받기 위한 수단으로 주셨다. '호사유피 인사유명' 虎死留皮 人死留名이라는 속담이 있다. 호랑이는 죽어서 가죽을 남기고, 사람은 죽어서 이름을 남긴다는 뜻이다. 당신은 무엇을 남기겠는가? 다섯 가지에 충실해서 하나님의 저울에 합격하기를 바란다.

북쪽에서 황금 같은 빛이 나오리라
— 철학

행복의 단상 　신 존재 증명 　자유의지와 운명론의 경계
존재의 실존 　역설의 반란 　프로페셔널의 미학 　인생의 겨울

행복의 단상

　솔직해보자. 당신은 무엇을 위해 사는가? 골치 아프게 공부하는 것, 새빠지게 일하는 것, 취직하는 것, 결혼하는 것, 아이를 낳는 것, 집을 장만하는 것, 차를 사는 것, 먹는 것, 입는 것, 이 모든 행위를 왜 하느냐 말이다. 아리스토텔레스는 "인간의 궁극적인 목적은 행복이다."라고 주장했다. 나도 이에 동의한다. 그렇다면 행복의 길은 어디에 있을까?

　여기서 잠깐, 구원 얘기는 하지 말자. 우리는 이미 예수 그리스도를 믿음으로 구원을 보증 받은 사람들이기에 이 땅에서의 행복만 다뤘으면 한다. 미리 말해두지만 돈, 명예, 장수는 행복의 척도가 될 수 없다. 솔로몬도 "어떤 사람은 그의 영혼이 바라는 모든 소원에 부족함이 없어 재물과 부요와 존귀를 하나님께 받았으나 하나님께서 그가 그것을 누리도록 허락하지 아니하셨으므로 다른 사람이 누리나니 이것도 헛되어 악한 병(전 6:2)"이라고 했다.

솔로몬이 누구인가? 하나님께로부터 전무후무한 지혜와 지식과 부와 재물과 영광(대하 1:12)을 받아 누린 사람이다. 그런 그가 "사람이 비록 백 명의 자녀를 낳고 또 장수하여 사는 날이 많을지라도 그의 영혼은 그러한 행복으로 만족하지(전 6:3)" 못한다는 말로 인간이 추구하는 행복을 결론지었다. 단순한 풍요는 행복의 조건이 될 수 없다는 것이다.

혹시 돈이 없거나 부족해도 행복할 수 있다는 뜻일까? 아니다. "여호와께서 주시는 복은 사람을 부하게 하고 근심을 겸하여 주지 아니하시느니라(잠 10:22)."고 했다. 행복하려면 우선 의식주에 대한 근심이 없어야 한다. 행복은 돈하고 상관없다는 말은 이상적이요 거짓말이다. 거지 나사로는 구원은 받았지만 이 땅에서는 불행한 삶을 살았기 때문이다.

그렇다면 성경이 말하는 행복의 진정한 의미는 무엇일까? 간단하다. 행하면 복을 받는다는 것이다. 이는 '버트란트 러셀'의 "행복이란 끊임없이 쟁취하는 것이다."는 주장과 상반된다. "내가 오늘 네 행복을 위하여 네게 명하는 여호와의 명령과 규례를 지킬 것이 아니냐(신 10:13)."라는 말씀은 행복이 하나님께로부터 나옴을 시사한다.

행복은 내 힘으로 취하는 것이 아니라 "우리가 그의 계명을 지키고 그 앞에서 기뻐하시는 것을 행(요일 3:21)"하면 하나님께서 복을 주신다는 개념이다. 그 예는 수없이 많다.

"네 재물과 네 소산물의 처음 익은 열매로 여호와를 공경하라 **그리하면** 네 창고가 가득히 차고 네 포도즙 틀에 새 포도즙이 넘치리라"(잠 3:9-10)

"내 아들아 나의 법을 잊어버리지 말고 네 마음으로 나의 명령을 지키라 **그리하면** 그것이 네가 장수하여 많은 해를 누리게 하며 평강을 더하게 하리라"(잠 3:1-2)

"내가 오늘 네게 명령하는 그의 모든 명령을 지켜 **행하면** 네 하나님 여호와께서 너를 세계 모든 민족 위에 뛰어나게 하실 것이라"(신 28:1)

당신도 행복을 원하는가? 그렇다면 이것을 기억하라. 구원은 100% 은혜로 받지만, 복은 행위로 받는다는 것을…

"너희 행위에는 상급이 있음이라"(대하 15:7)

신 존재 증명

세상에서 가장 똑똑한 사람이 하는 말은 다 맞을까? 2012년 〈슈퍼스칼러〉SuperScholar 라는 비영리단체가 세계에서 가장 똑똑한 10인을 선정했다. 이 단체는 순위에 상관없이 IQ 160인 '스티븐 호킹(71)' 박사를 첫 번째로 소개했다. 루게릭병에도 불구하고 블랙홀 등의 우주 연구에서 뛰어난 업적을 남겼다는 것이 그를 선정한 이유다.[17]

문제는 그가 천국과 하나님을 인정하지 않는다는 것이다. 그는 영국 일간 가디언과의 인터뷰에서 "사후세계나 천국이 우리를 기다리고 있다는 믿음은 죽음을 두려워하는 인간이 꾸며낸 동화에 불과하다."고 했고, 저서 『위대한 설계』에서는 "중력의 존재가 우주 탄생인 빅뱅을 이끌었기에 우주의 창조와 존재를 설명하는 데 신이 개입할 영역은 없다."고 했다.[18]

그렇다면 그의 핵심의제는 무엇일까? "우리 인생에서 가장 위대한 가치를 추구해야 한다."는 것이다. 인본주의의 전형이다. 그

동안 신학자들은 일반인들을 대상으로 하나님의 존재를 증명하고자 했다. 그런데 이런 시도는 '소귀에 경 읽기'가 되기 싶다. 성경은 "성령으로 아니하고는 누구든지 예수를 주시라 할 수 없느니라(고전 12:3)."고 말씀하기 때문이다. 신 존재 증명은 그리스도인들에게 하는 게 낫다. 믿음 위에 더 큰 확신을 얻게 하기 위함이다.

탁월한 신 존재 증명은 하나님께서 욥에게 하신 방법이다. 야곱(주전 2000년) 시대에 살았던 것으로 추정되는 욥은 우스(요르단) 땅에서 큰 부자였다. 그가 "양이 칠천 마리요 낙타가 삼천 마리요 소가 오백 겨리요 암나귀가 오백 마리이며 종도 많이" 있을 정도로 복을 받은 것은 하나님을 경외하며 악에서 떠났기(욥 1:1) 때문이다.

그런데 평안하게 잘 살고 있었던 욥은 어느 날 갑자기 몰락하고 만다. 하나님의 허락을 받은 사탄이 욥이 가진 모든 것을 쓸어버렸던 것이다. 자녀들 10명은 맏아들 집에서 잔치 하고 있을 때 돌풍에 집이 무너져 압사당해 죽었다. 그 많던 소, 나귀, 낙타는 스바와 갈대아인들이 침략해서 빼앗아 갔다. 양들은 하늘에서 떨어진 불에 타버렸다. 욥 자신의 몸에는 악성종기가 났다. 그러자 아내마저도 "하나님을 욕하고 죽으라."고 말하며 떠나버렸다.

갑자기 불어 닥친 이 모든 재앙으로 인해 욥은 망연자실했지만 그래도 하나님을 원망하지 않고 오히려 그분의 주권을 찬송했다. 그런데 각기 다른 나라에 사는 세 친구들이 욥의 소식을 듣고 위문하러 오면서 문제가 발생했다. 처음에는 친구들이 욥을 위로했지만 시간이 흐르자 재앙의 원인을 욥이 지은 죄의 결과로 돌리면서 그를 정죄했던 것이다.

이렇게 되자 욥은 자신을 강력하게 변호했다. 자신은 죄를 짓지 않았다는 것이다. 욥은 여기서 실수를 하게 된다. 무죄를 밝히려다 자신의 의를 지나치게 주장했기 때문이다. '의인은 하나도 없다(롬 3:10)'고 했는데, 그는 하나님과 변론해도 자신 있을 만큼 떳떳하다고 생각했다. 욥은 죄 없는 자신에게 왜 재앙을 내리셨는지 하나님과 만나서 변론하기를 소원했다.

그러던 어느 날 하나님께서 갑자기 폭풍우 가운데 나타나셨다. 그런데 욥이 알고자 했던 재앙의 원인은 말씀 안 하시고 밑도 끝도 없는 질문부터 하셨다.

298

"내가 땅의 기초를 놓을 때에 네가 어디 있었느냐 네가 깨달아 알았거든 말할 지니라"(욥 38:4)

'땅의 기초를 놓을 때'는 천지가 창조되던 때를 의미한다. 이어서 주님은 우주생성원리와 땅, 바다, 동식물들을 창조하신 그 경이로움에 대해 무차별적으로 질문하고 친히 답변하시는 방식을 취하셨다. 하나님께서는 왜 이렇게 하셨을까? 잠시 우주에 대해 알아보자.

태양은 지구보다 약 100배 크다. 하지만 지금까지 관측된 별 중 가장 큰 '캐니스 메이저리스'Canis Majoris 에 비하면 아무 것도 아니다. 이 별은 지름이 28억km(태양의 2,000배)나 된다고 한다. 시속 900km로 나는 비행기로 이 별을 한 바퀴 도는 데만 1,100년이 걸린다고 하니 상상조차 안 간다. 그런데 2008년도에 이것과 비교도 안될 만큼 큰 항성이 유럽 과학자들에 의해 또 발견되었다. 이 항성은 지름이 태양의 50억 배나 된다고 한다.[19]

그러나 이것도 우리 은하계를 형성하는 수천억 개의 별들 중 한 점에 불과하다. 우리 은하에는 태양처럼 스스로 빛과 열을 내는 항성이 1,000억 개 정도 있다고 한다. 그럼 우리 은하는 얼마나 클까? 어떤 과학자가 재미 있는 비유를 들었다. 태양이 점이라면 우리 은하는 미국 본토만 하다는 것이다. 그런데 이런 은하가 우주에 또 1,000억 개 정도 있으며, 별은 바다에 있는 모래 수만큼 많다고 하니 우주는 사실상 거의 무한대라고 볼 수 있다.

이쯤 되면 우주의 크기와 경이로움에 혀를 내두를 정도다. 천문학자 '칼 세이건'도 1990년 NASA의 탐사선 보이저 1호가 명왕성 부근에서 찍은 지구 사진을 보고 이런 시를 썼다. "여기 있다. 저것이 우리의 고향이다. 저것이 우리다. …인간 역사속의 모든 성인과 죄인들이 저기 태양 빛 속에 부유하는 먼지의 티끌 위에서 살았던 것이다."[20] 이것이 하나님께서 욥에게 질문하신 뜻이었다. 욥은 이 엄청난 우주를 창조하신 하나님이 우주의 절대 주권자라는 것과 그에 비해 인간이 얼마나 유한한 존재인지를 깨닫게 되었다.

티끌 같은 존재가 의로우면 얼마나 의롭겠는가. 욥은 그제야 티끌과 잿더미 위에 앉아 이렇게 회개했다. "잘 알지도 못하면서, 감히 주님의 뜻을 흐려 놓으려 한 자가 바로 저입니다. 깨닫지도 못하면서, 함부로 말을 하였습니다(욥 42:3)." 욥은 이 체험을 통해 하나님을 더 깊이 알게 되었고, 믿음과 자녀와 물질에도 갑절의 복을 받았다.

"어리석은 자는 그의 마음에 이르기를 하나님이 없다(시 53:1)"고 한다. 이런 사람에게 하나님은 말씀하신다.

"창세로부터 그의 보이지 아니하는 것들 곧 그의 영원하신 능력과 신성이 그가 만드신 만물에 분명히 보여 알려졌나니 그러므로 그들이 핑계하지 못할지니라" (롬 1:20)

천지창조 때 사람은 존재하지도 않았다. 우주생성원리의 이치도 이해하지 못하는 사람이, 피조물의 처지에서 감히 하나님의 존재를 부정한다는 것 자체가 난센스다.

추신 : 우주를 보면 신 God이 믿어졌다. 그런데 믿어지게 한 것은 성경이었다.

자유의지와 운명론의 경계

"닭이 먼저냐, 달걀이 먼저냐?"

끝이 없을 것 같았던 이 논쟁은 2010년 영국 셰필드대와 워윅대 연구팀이 '닭이 먼저'라는 사실을 과학적 증명을 통해 밝혀냄으로 대단원의 막을 내렸다. 연구팀은 슈퍼컴퓨터로 달걀 형성과정에 '오보클레디딘- 17(OC- 17)'이라는 단백질 성분이 필수적인 역할을 한다는 것을 찾아냈다. 이 단백질은 닭의 난소에서 발견된 성분과 동일했다. 곧, 닭의 난소에서 발견된 단백질 성분이 있어야만 달걀이 만들어질 수 있다는 사실을 밝혀냈던 것이다.[21]

우울증은 어떨까? 우울증은 개인의 심리적, 사회·환경적 요인에 의해 변화에 적응하지 못할 때 신경전달물질인 세로토닌 같은 호르몬 분비에 불균형이 생겨 발생하는 것으로 알려져 있다. 그렇다면 호르몬 때문에 우울증이 오는 것일까, 슬픔이 호르몬에 영향을 줘서 우울해지는 것일까? 중요한 것은 우울증의 원인이 아니라 우울증에 따른 파괴적인 행동이다.

302

우울증은 공격성이 내부로 향하면 자살로, 외부로 향하면 폭력이나 범죄로 표출된다. 경찰에 의하면 지난 10년간 검거된 범죄자 중 정신분열증과 우울증으로 범행을 저지른 피의자가 1만 4951명에 달했다.[22] 자살은 더 심각하다. 세계보건기구WHO는 전 세계적으로 매년 100만 명이 자살한다고 발표했다. 한국은 2010년에만 1만 5천 566명이 자살해서 8년째 세계 자살률 1위에 올라있다.[23]

우울증의 폐해가 얼마나 심각했으면 세계보건기구WHO 조차 우울증을 '21세기 인류를 가장 괴롭힐 질병 중 하나'로 지적했겠는가. 그런데 자살이나 범죄보다 더 문제되는 것이 있다. 내가 아는 청년은 우울해지면 근무시간인데도 무단으로 집에 가버렸다. 내가 그 행동에 대해 무책임한 것이라고 말하자 그는 호르몬의 영향으로 그런 행동을 한 것이기에 자기 책임이 아니라고 항변했다. 그렇다면 우울증으로 인한 반사회적인 행위는 누구 책임일까?

대부분의 사람들은 국가, 경쟁적인 사회나 개인의 불우한 환경, 생물학적(호르몬)인 요인으로 돌린다. 성경은 어떻게 말씀할까? "잔인한 자는 자기의 몸을 해롭게 하느니라(잠 11:17)"고 했다. 예수님은 스승인 자신을 로마 군인들에게 팔아넘긴 가룟 유다에 대해 "그 사람은 차라리 나지 아니하였더라면 자기에게 좋을 뻔하였느니라(막 14:21)"고 말씀하셨다. 며칠 후 유다가 스스로 목숨을 끊을 것을 아셨기 때문이다.

예수님께서 이렇게 말씀하신 것은 극단적인 선택을 한 사람에게 책임이 있다는 것을 암시한다. 우울증 환자의 파괴적인 행동은 자신의 암울한 처지와 미래에 대한 불안을 분노라는 형태로 자기 자신이나 타인에게 표출하는 것이다. 특이점은 이른바 '묻지마 범죄'를 저지르는 사람들이 언제나 자신보다 약해 보이는 사람을 선택(지능적으로)한다는 사실이다.

자살 사망자들도 실행하기 전까지는 전혀 티를 내지 않고 있다가 유언장을 준비해 놓고 아무도 없는 장소에서 자신이 정한 시간과 방법으로 행동에 옮긴다. 무슨 뜻일까? 이들마저도 타인을 의식한 나머지 자살하는 방법까지 신중하게 선택한다는 것이다. 선택한다는 것은 힘이 있다는 것을 의미한다. 이것은 운명론, 곧 호르몬의 영향을 받아 자신의 의지와 상관없이 극단적인 선택을 한다는 결정론에 대해 반박하는 증거가 된다.

304

극단적인 선택은 왜 불행한 것일까? "모든 산 자들 중에 들어 있는 자에게는 누구나 소망이 있음은 산 개가 죽은 사자보다 낫기 때문(전 9:4)"이라고 했다. 죽으면 더 이상 만회할 기회가 없다는 것이다. 스스로 목숨을 끊은 사람이 하나님 앞에 섰다고 가정해보자. 하나님께서 "너는 호르몬 이상으로 자살했으니 네 책임이 아니다"라고 하시겠는가.

흔히 우울증을 일컬어 '죽음에 이르게 하는 병'이라고 하지만 자살이나 범죄의 원인으로 치부해서는 안 된다. 정신과 의사들은 우울증이 발생하는 것은 자연스러운 일이나 행동은 자신의 의지로 선택할 수 있다고 한다. 우리가 누구인가? 하나님의 형상으로 지음받을 만큼 존귀한 자들이다. 그렇다면 호르몬 따위에 굴복하지 말아야 한다.

인생은 딜레마로 가득하다. 생명과냐 선악과냐? 사느냐 죽느냐? 이런 딜레마에도 답은 있다. 키르케고르는 "이것이냐 저것이냐"에서 의무와 책임에 바탕을 두는 삶을 제시했다. 당신이 표류하고 있고 갈증으로 견딜 수 없다면 바닷물을 마셔야 할까? 선택은 자유다. 하지만 결과도 당신 몫이다. '선택에 따른 책임을 지는 것', 이것이 딜레마를 극복하는 요체이다.

존재의 실존

　몇 가지 질문을 하겠다. 당신은 부자인가? 좋은 직장에 다니는가? 건강한가? 인간관계가 좋은가? 이 모든 것을 충족하는데도 외로운가? 그렇다면 당신은 '실존적 공허'에 빠진 것이다. 인생 시나리오는 생각보다 단순하다. 가난하게 태어난다. 피나는 노력으로 성공궤도에 오른다. 술, 마약, 성, 도박 등으로 인생이 파탄난다. 그리고 역사의 무대에서 사라진다.

　그 대표적인 예가 '헤밍웨이'다. 노벨상까지 받은 그는 부족함이 없었다. 아름다운 여성과도 네 번이나 결혼했다. 하지만 네 번 다 이혼하고 61세에 심한 우울증에 걸려 일기장에 이렇게 기록했다.

　"나는 전지약이 다 떨어지고 코드를 꽂으려 해도 꽂을 전원이 없어서 불이 들어오지 않는 라디오의 진공관처럼 외로움의 공허함 속에 살고 있다. 나는 필라멘트가 끊어진 텅빈 전구처럼 공허하다."

그리고 얼마 후 그는 총으로 자살했다.

‘실존적 공허’가 무엇이기에 이렇게 극단적인 선택을 하는 것일까? ‘빅터 프랭클’Viktor Emil Frankl 은 로고테라피logotherapy 이론에서 ‘삶의 의미의 부재’ 상태라고 했다. 인간은 의미를 추구하는 존재인데 그 의미를 상실할 때 마음에 공허(허무)함을 느끼고, 공허함을 채우기 위해 권력을 추구하거나 쾌락에 빠져들거나 성에 집착하게 된다는 것이다.

실존적 공허는 대상을 가리지 않는다. 위대한 사람들도 어느 순간 빠져든다. 엘리야는 갈멜산에서 바알의 선지자 450인과 대결하여 승리한 후 그들을 기손 강에서 죽였다. 엘리야는 거칠 게 없었다. 하지만 그는 허수아비에 불과한 이세벨 왕비의 가짜 협박에 놀라 광야로 도망하여 한 로뎀 나무 아래에서 하나님께 자신의 생명을 거두어 달라고 기도했다.

실존적 공허에 빠지는 원인은 대부분 비슷하다. 고뇌와 권태 때문이다. 성경은 "스스로 조심하라 그렇지 않으면 방탕함과 술 취함과 생활의 염려로 마음이 둔하여지고(눅 21:34)"라고 말씀한다. ‘쇼펜하우어’도 "인간은 고뇌와 권태의 양 극단 사이에서 영원히 오갈 수밖에 없다"고 했다. 목표의 부재로 긴장이 풀려 무

307

료해 질 때 커다란 상실감이 생기는데 공허함은 그 상실감에서 기인한다.

실존적 공허에서 벗어나려면 어떻게 해야 할까? 사마리아 여인처럼 주님께 마음 문을 열면 된다. 그녀는 남편을 다섯이나 바꿨지만 조금도 행복하지 않았다. 오히려 창녀라는 오명을 쓰고 남의 눈을 피해 다니는 처지가 됐다. 그녀는 죽지 못해 살고 있을 뿐이었다. 그런데 절망가운데 있던 그녀에게 예수님이 찾아오심으로 삶의 모든 문제가 해결되었다.

'키에르케고르'는 "개인이 실존의 상태에 있을 때만 의미 있는 존재가 된다."고 했다. 여기서 실존이란 '신 앞에서 단독자로 서는 존재'이다. 단독자는 자신의 무능함을 깨닫고 신에게 나아가는 자다. 로고테라피logotherapy 에서 logo는 로고스logos 다. 로고스는 성육신하신 말씀logos 으로 예수를 의미한다. 삶의 의미는 예수님과 참다운 관계를 맺을 때에만 회복될 수 있다. 모든 문제의 근본 원인은 하나님을 떠나서(상실) 발생한 것이기 때문이다.

"주여 이제 내가 무엇을 바라리요 나의 소망은 주께 있나이다" (시 39:7)

역설의 반란

어느 나라에 법을 잘 지키는 왕이 있었다. 왕은 누구든지 법을 어기면 눈을 빼버리겠다고 선포했다. 그런데 문제가 생겼다. 왕자가 법을 어긴 것이다. 왕은 '법을 지키기 위해 왕자의 눈을 뺄 것인가, 왕자를 보호하기 위해 법을 어길 것인가?'하는 딜레마에 처했다. 그런 왕을 백성들은 걱정 반 호기심 반으로 바라보고 있다. 당신이 왕이라면 어떻게 하겠는가?

신경경제학 교수 '그레고리 번스'가 쓴 『상식파괴자』라는 책이 있다. 그가 말하는 상식파괴자는 사물의 본질을 명료하게 꿰뚫어 보고, 익숙한 관습을 타파하고, 창의적인 혁신을 구현하고, 다른 이들의 의견에 영향을 받지 않고, 사회적 고립을 두려워하지 않고, 자신의 아이디어를 설득시키고, 남들이 할 수 없다고 말하는 일을 해내는 사람이다.

그렇다면 예수님이야말로 역사상 가장 혁명적인 상식파괴자다. 예수님 외에 누가 이 모든 사항에 해당할 만큼 완전히 상식을 파괴한 자가 있었겠는가. 예수님의 위대함은 딜레마를 해결하는 방법에서 나타났다. 하나님은 천지창조 후 아담과 하와에게 땅과 모든 생물을 다스리고 관리하도록 위임해주셨다. 그러나 아담과 하와가 선악과를 따먹고 죄를 범하자 인류와 우주만물에 대한 소유권이 하나님에게서 마귀에게로 넘어가버렸다.

"마귀가 또 예수를 이끌고 올라가서 순식간에 천하만국을 보이며 이르되 이 모든 권위와 그 영광을 내가 네게 주리라 이것은 내게 넘겨 준 것이므로 내가 원하는 자에게 주노라 그러므로 네가 만일 내게 절하면 다 네 것이 되리라"(눅 4:5-7)

소유권을 확보하는 데는 두 가지 방법이 있다. 강제로 빼앗는 것과 법대로 값을 지불하고 공정하게 되찾아오는 것이다. 하나님은 조물주이시기 때문에 얼마든지 마귀로부터 소유권을 빼앗을 수 있는 힘이 있다. 하지만 그렇게 하면 공의의 하나님이 되실 수 없다. 그런데 적법하게 소유권을 되찾으려면 복잡한 게 한두 가지가 아니다.

첫째, 죄가 전혀 없는 사람이 인류를 대신해서 죄 값을 치러야 한다. 문제는 죄 없는 사람은 없다는 것이다. 둘째, 구원자는 왕이며 제사장인 동시에 선지자여야 한다. 왕이어야 이 세상 임금

310

인 마귀를 쫓아내고, 완전한 제사장이어야 자기를 힘입어 하나님께 나아가는 자들을 온전히 구원할 수 있으며, 선지자여야 성경의 예언을 성취할 수 있기 때문이다. 셋째, 가난과 질병과 저주도 정복해야 한다. 넷째, 구원에 대한 전략을 택한 자는 알지만 마귀와 멸망하기로 예정된 자들은 몰라야 한다. 마귀가 알면 막으려고 할 것이기 때문이다.

성삼위 하나님은 성자이신 예수 그리스도를 성령으로 잉태해서 동정녀를 통해 탄생하게 하시므로 죄가 없는 완전한 사람을 이 땅에 보낸다는 계획을 마련하셨다. 그리하여 예수님은 다윗왕의 후손인 요셉과 대제사장 아론의 후손인 동정녀 마리아에게서 탄생하셨다. 모세는 "네 하나님 여호와께서 너희 가운데 네 형제 중에서 너를 위하여 나와 같은 선지자 하나를 일으키시리니 너희는 그의 말을 들을지니라(신 18:15)"고 예언했다. 요한복음은 "그 사람들이 예수께서 행하신 이 표적을 보고 말하되 이는 참으로 세상에 오실 그 선지자라 하더라.(요 6:14)"고 예수님이 선지자 되심을 증언했다. 이로써 예수 그리스도는 완전한 왕이요 대제사장(멜기세덱의 반차를 따른)이자 선지자가 되신다.

가장 중요한 것은 구원전략이다. 예수님께서 사역하시던 시대

311

에 율법의 정신은 기득권층의 자기 의와 탐욕으로 인해 변질되어 있었다. 안식일에 귀신을 쫓아내고 병든 자를 고치시는 예수님을 향해 "일할 날이 엿새가 있으니 그 동안에 와서 고침을 받을 것이요 안식일에는 하지 말 것이니라(눅 13:14)."고 말한 것이 그 증거들 중 하나다.

불의를 보편적인 진리인양 치부하는 자들과 그것으로 인해 고통 받고 있는 사람들에게 하나의 전략으로 어떻게 다른 결과를 이끌어 낼 것인가? 예수님은 인류 구원과 완전한 승리를 얻기 위해 역설을 택하셨다. 역설은 보편적인 사실에 혁명을 일으키는 것이다. 그런 다음 진리를 쉽고 명확하게 가르치시기 위한 방법으로 '비유를 통한 새로운 해석'을 사용하셨다.

"예수께서 홀로 계실 때에 함께 한 사람들이 열두 제자와 더불어 그 비유들에 대하여 물으니 이르시되 하나님 나라의 비밀을 너희에게는 주었으나 외인에게는 모든 것을 비유로 하나니 이는 그들로 보기는 보아도 알지 못하며 듣기는 들어도 깨닫지 못하게 하여 돌이켜 죄 사함을 얻지 못하게 하려 함이라 하시고" (막 4:10-12)

역설 paradox 에는 반드시 긴장이 존재한다. 전통이라는 대세를 거스를 때 받게 되는 강력한 저항이 그것이다. 예수님은 불의로

312

진리를 막는 사람들을 향해 외식하는 자, 곧 위선자라고 부르셨다. 그리고 그들의 전통은 진리에 반하는 것이라고 가르치셨다. 힘없고 소외된 자들은 좋아했지만 기득권자들은 예수님을 죽이려고 했다.

그런데 아무도 알지 못했다. 인류를 구원하기 위해 이 땅에 오신 메시야가 정치나 혁명이 아니라 자신의 죽음으로 백성을 구원한다는 역설은 제자들도, 예수님을 죽이려던 사람들도, 마귀도 예상치 못한 일이었다. 왕은 법을 어긴 왕자를 어떻게 했을까? 왕자의 눈 하나와 왕 자신의 눈 하나를 빼게 하므로 법도 사랑도 지켰다. 성삼위 하나님도 이 방법을 택하셨다.

"나는 양을 위하여 목숨을 버리노라"(요 10:15)

예수님은 십자가 고난으로 모든 저주와 죽음으로부터 사람을 해방시켜주셨다. 따라서 십자가는 최고의 역설이다. 역설이 재미있는 것은 반전이 따른다는 것이다.

"하나님께서 그를 사망의 고통에서 풀어 살리셨으니 이는 그가 사망에 매여 있을 수 없었음이라"(행 2:24)

4장 | 북쪽에서 황금 같은 빛이 나오리라 - 철학

예수 그리스도의 부활이다.

역설은 반란이 아니라 자기자리를 찾아가는 것이다. 실상은 역설이 진리이기 때문이다.

"자기 목숨을 구원하고자 하면 잃을 것이요 누구든지 나와 복음을 위하여 자기 목숨을 잃으면 구원하리라"(막 8:35)

십자가의 역설은 우리에게도 자아포기를 요청한다.

광해가 영화계에 돌풍을 일으켰다. 광해에 나오는 왕 중 진짜는 누구일까? 반정을 도모하려는 자들에게서 피신해 있는 악한 왕일까? 잠시 대역으로 앉아 있는 선한 왕일까? 역설의 반란은 지금도 계속되어야 한다.

314

프로페셔널의 미학

우리는 〈김연아〉, 〈리오넬 메시〉, 〈우사인 볼트〉를 보면 열광한다. 그리고 이들에게 거액을 지불한다. 왜 그럴까? 이들은 자기 분야에서 독보적인 존재이기 때문이다. 김연아는 세계 피겨 스케이팅의 여왕이고, 메시는 축구 역사상 한 해 최다 골(91골)의 보유자이며, 볼트는 100m 달리기 9초 58이라는 기록을 세운 지구에서 가장 빠른 사람이다.

애호가들이 프로 스포츠나 거장들의 예술(음악, 미술)을 감상하는데 돈을 많이 쓰는 이유는 무엇일까? 감상자체는 우리가 먹고 사는 것에 아무런 보탬도 되지 않는데 말이다. 그것은 '아름다움의 극치'를 느끼기 위함이다. 여기에서 아름다움의 기준은 완벽한 기술을 말한다. 완벽한 기술로 인해 전율하고, 전율하면서 감동과 희열을 느끼는 것이다.

프로를 높이 평가하는 이유는 세계적인 수준의 기술과 희소성 때문이다. 희소성에는 두 가지 특징이 있다. 기술이 어렵기에 희소하다는 것과 희소하기에 가치가 높다는 것이다. 프로는 인간의 한계를 뛰어넘는 노력과 영감으로 극소수만이 달성할 수 있는 경지에 오른 이들이다. 이런 사실을 대중이 알기에 프로에게 아낌없는 찬사를 보내는 것이다.

운동선수들과 예술가들만 프로페셔널하게 살아야 할까? 성경 인물들도 프로페셔널하게 살았다. 그 대표적인 사람이 모세와 다윗이다. 모세는 이집트 사람의 모든 학문을 배워서 말과 행동에 뛰어난 인물이 되었다. 다윗은 물맷돌, 수금, 시에서 타의 추종을 불허했다. 하나님은 그리스도인들도 프로페셔널하게 살기를 원하신다.

부산 풍성한 교회 사역자실에는 "최선을 다해, 최고의 것을 하나님께!"라는 플래카드가 붙어 있다. 은사별로 전문인 사역을 하는 사역자들이 자기 분야에서 최상의 결과를 만들어 내기 위함이다. 프로페셔널하게 살면 어떤 이점이 있을까? "자기의 일에 능숙한 … 사람은 왕 앞에 설 것이요 천한 자 앞에 서지 아니하리라(잠 22:29)" 사람들과 하나님께 쓰임 받는다.

다윗이 사자와 곰에게서 양들을 구해내기 위해 밤낮 연습했던

물매는 골리앗을 죽여 그를 이스라엘의 대장군과 부마가 되게 했다. 하나님을 찬양하기 위해 연습한 수금은 다윗을 사울 왕의 비서가 되게 했다. 결국 다윗은 왕이 되었다. 또 다른 이점은 만족감이다. 스티브 잡스는 "진정으로 만족감을 얻는 유일한 길은 위대하다고 믿는 일을 하는 것이다. 그리고 위대한 일을 할 수 있는 유일한 길은 자신이 하는 일을 사랑하는 것이다."라고 했다.

탁월함, 곧 달인에 이르는 길은 어디에 있을까? 100m 달리기에서 1999년부터 2007년까지 10년 동안 단축된 시간은 0.05초였다. 0.05초 차이, 이것이 프로와 아마추어의 차이다. 프로가 되고자 한다면 0.05초 차이가 날 때까지 땀 흘려서 연습하면 된다. 프로의 아름다움은 마지막에 드러난다. "내가 나 된 것은 하나님의 은혜로 된 것이니 … 내가 한 것이 아니요 오직 나와 함께 하신 하나님의 은혜로라(고전 15:10)" 모든 영광을 하나님께 돌리는 것이다.

"부지런하여 게으르지 말고 열심을 품고 주를 섬기라" (롬 12:11)

인생의 겨울

　자동차는 빨리 가려고 만들었다. 그런데 빨리 가는 자동차에 브레이크는 왜 필요할까?

　나는 여름과 겨울을 싫어 한다. 여름은 모기, 겨울은 추위 때문이다. 모기를 얼마나 싫어 했던지 모기만 죽이는 핵폭탄이 있으면 좋겠다고 상상한 적도 있다. 나는 추위를 잘 타서 4월까지도 내복을 입는다. 누군가가 내게 여름과 겨울 중 어느 계절이 더 싫은지를 묻는다면 그래도 겨울이라고 하겠다. 겨울의 추위는 생존이 걸린 문제이기 때문이다.

　인생에도 겨울이 있다. 바로 고난이다. 가난, 사건사고, 질병 등으로 인해 고통이 찾아올 때 사람들은 "신은 인간을 사랑한다면서 왜 고통을 줍니까?"라고 절규한다. 고난이 얼마나 싫었으면 천하의 모세마저 "주께서 내게 이같이 행하실진대 구하옵나니 내게 은혜를 베푸사 즉시 나를 죽여 내가 고난당함을 내가 보지 않게 하옵소서(민 11:15)"라고 간구했겠는가.

318

성경은 "주께서 인생으로 고생하게 하시며 근심하게 하심은 본심이 아니시로다(렘 3:33)"라고 말씀한다. 그리고 "하나님은 악에게 시험을 받지도 아니하시고 친히 아무도 시험하지 아니하(약 1:13)"신다. 그렇다면 고난 받는 원인은 무엇일까?

첫째, 죄의 결과이다. "살아 있는 사람은 자기 죄들 때문에 벌을 받나니 어찌 원망하랴(애 3:39)"고 했다. 죄를 짓는 이유는 "자기 욕심에 끌려 미혹(약 1:14)" 되었기 때문이다. 사람이 죄를 지을 때 하나님께서 고난을 주시는 목적은 이것이다.

> "육체의 고난을 받은 자는 죄를 그쳤음이니 그 후로는 다시 사람의 정욕을 따르지 않고 하나님의 뜻을 따라 육체의 남은 때를 살게 하려 함이라"(벧전 4:1-2)

둘째, 믿음을 주시거나 성장시키시기 위함이다. 세계적인 석학이자 이성주의자였던 이어령 박사가 그리스도인이 된다는 것은 아무도 상상 못 한 일이었다. 하나님은 실명 위기에 있던 딸의 눈을 고쳐주시므로 그의 영안을 열어 그리스도를 보게 하셨다.

고난은 바울도 비켜가지 않았다. 그는 고난을 이렇게 고백했다.

> "형제들아 우리가 아시아에서 당한 환난을 너희가 모르기를 원하지 아니하노

니 힘에 겹도록 심한 고난을 당하여 살 소망까지 끊어지고 우리는 우리 자신이 사형 선고를 받은 줄 알았으니 이는 우리로 자기를 의지하지 말고 오직 죽은 자를 다시 살리시는 하나님만 의지하게 하심이라" (고후 1:8-9)

언제나 행복만 있으면 좋으련만 항상 봄일 수는 없는 것이 인생이다. 그리고 겨울의 정점에 죽음이 있다. 겨울이 오기 전에 월동준비를 하는 것처럼 인생의 겨울도 준비해야 한다. "너는 청년의 때에 너의 창조주를 기억하라 곧 곤고한 날이 이르기 전에… 흙은 여전히 땅으로 돌아가고 영은 그것을 주신 하나님께로 돌아가기 전에 기억하라(전 12:1,7)"고 했다.

자동차에 브레이크가 있는 이유는 더 빨리 가기 위함이다. 만약 브레이크가 없이 달리다가는 설 수가 없으니 아마도 시속 5km밖에 못갈 것이다. 자동차가 빨리 가려면 가다가 언제든지 세울 수 있는 브레이크가 있어야 한다. 고난도 인생을 정로로 더 빨리 달리게 하기 위한 채찍과 같고, 고통을 동반하지만 어떤 원인에 의한 것이든 "고난당한 것이 내게 유익(시 119:71)"이 된다.

"사람이 여러 해를 살면 항상 즐거워할지로다 그러나 캄캄한 날들이 많으리니 그 날들을 생각할지로다" (전 11:8)

320

1. 뉴시스, "신기한 생일 갖고 태어난 세 남매 화제" 〈http://www.newsis.com/pict_detail/view.html?pict_id=NISI20101016_0003551112〉 (2010.10.16.)

2. (주)내일신문, "10억분의 1 확률 완벽한 '원형 달걀' 발견" 〈http://china.naeil.com/news/news_view.asp?nnum=26839〉 (2010.10.14.)

3. 서울신문 나우뉴스, "한 달 전 1등 번호가 또 1등번호…4조분의 1 기적" 〈http://nownews.seoul.co.kr/news/newsView.php?id=20101018601013〉 (2010.10.18.)

4. 인공위성이나 우주선이 우주 공간에서 만나는 일
사랑하는 남녀가 시간과 장소를 정하여 만남(밀회)

5. 전자신문, "인기 로고 디자인에 숨겨진 비밀" 〈http://media.daum.net/digital/others/newsview?newsid=20091016101714204〉 (2009.10.16.)

6. 코리아헤럴드, "UFO 연구인들 충격고백. 사실은…" 〈http://www.koreaherald.com/view.php?ud=20121106000711〉 (2012.11.6.)

7. YTN 사이언스, "에밀레종, 최고의 소리 내는 위치 찾았다!" 〈http://www.ytn.co.kr/_ln/0105_201209080016082009〉 (2012.9.8.)

8. 조선일보 Weekly BIZ, "선구자 에릭 드렉슬러 박사가 본 궁극의 기술 NANO의 현재와 미래" 〈http://biz.chosun.com/site/data/html_dir/2011/08/19/2011081901154.html〉 (2011.8.19.)

9. 워렌 베니스, 김경섭 옮김(1993), 「뉴리더의 조건」(서울 : 김영사), p.뒤표지.

10. 데일리안, "어느 대학 갈까? 좋아하는 일을 하라" ⟨http://www.dailian.
co.kr/news/news_view.htm?id=231955&kind=menu_code&keys=4⟩
(2010.12.25.)

11. 존 T. 매닝, 이은숙 옮김(2009), 「핑거북, 나를 말하는 손가락」(서울 : 고즈윈),
p.272.

12. kBS, "생로병사의 비밀 299회. 뇌에도 성이 있다" ⟨http://www.kbs.
co.kr/1tv/sisa/health/view/vod/1602686_941.html⟩ (2009.8.20.)

13. 서울신문, "2인자 할만큼 했다, 줄줄이 도전장" ⟨http://www.seoul.co.kr/
news/newsView.php?id=20100319025012⟩ (2010.3.19.)

14. CBS 노컷뉴스, "세계 최고가 '블루 호프 다이아몬드' 50년 만에 공개"
⟨http://www.nocutnews.co.kr/show.asp?idx=1379403⟩ (2010.1.29.)

15. 경향신문, "죽음의 무게" ⟨http://news.khan.co.kr/kh_news/khan_art_
view.html?artid=200703021803241&code=990201⟩ (2007.3.2.)

16. 전자신문, "민들레 홀씨 위에 올려놓아도 망가지지 않을 정도…스티로
폼의 1/100 무게 초경량 금 속 개발" ⟨http://www.etnews.com/news/
economy/education/2523754_1491.html⟩ (2011.11.1

17. 서울신문 나우뉴스, "세계서 가장 똑똑한 10인은 누구?" ⟨http://nownews.
seoul.co.kr/news/newsView.php?id=20120828601013⟩ (2012.8.28.)

18. 서울신문 나우뉴스, 「스티븐 호킹, "사후세계 · 천국은 모두 허상"」 ⟨http://
nownews.seoul.co.kr/news/newsView.php?id=20110516601015⟩
(2011.5.16.)

19. 프라임경제, "태양50억 배 크기 초대형 항성 발견" ⟨http://www.newsprime.
co.kr/news/articleView.html?idxno=48735⟩ (2008.3.26.)

20. 울산매일, "인간과 우주" ⟨http://www.iusm.co.kr/news/articleView.
html?idxno=242103⟩ (2012.3.27.)

21. etnews, "닭과 달걀" ⟨http://www.etnews.com/news/economy/

칼국수 스토리

public/2261172_2576.html〉 (2010.7.22.)

22. 세계일보, "우울증 키우는 사회…'묻지마 범죄' 부메랑" 〈http://www.
    segye.com/Articles/NEWS/SOCIETY/Article.asp?aid=20121015024567
    &subctg1=&subctg2=&OutUrl=daum〉 (2012.10.15.)

23. 아이뉴스24, "한국 자살률 'OECD 1위' 불명예" 〈http://news.inews24.
    com/php/news_view.php?g_serial=687895&g_menu=050300〉
    (2012.9.10.)

「마일두 성장연구소」가 하는 일

1. 초청설교(특강)

2. 자기계발 교육

3. 글쓰기 · 독서지도

4. 스피드 성공법

5. 청소년 · 청년교육

6. 목회자 자기계발